아이 마음이 보이는 교실 이야기

아이 마음이 보이는
교실 이야기

유민아 지음

W미디어

• 차례 •

아이의 마음을 봐주세요

'열 길 물 속은 알아도 한 길 사람 속은 모른다'라는 속담을 좋아하지 않는다. 우리가 살아가는 데 있어 사람의 마음을 이해하고 서로가 좋은 관계를 유지하는 것은 중요하다. 그런데 이 속담은 사람의 마음을 알아가는 일을 마치 필요 없는 일, 알 수 없는 일, 부질없는 일인 것처럼 여기게 만드는 것 같아 언짢다.

사람을 이해한다는 것은 중요하다. 가족처럼 친한 관계일수록 터놓고 얘기하고 감정을 나누며 살아가는 것이 얼마나 중요한 일인가. 하지만 어른부터 어린아이들까지 하루 종일 바쁘게 움직이는 요즘 사회에서는 가족끼리도 서로를 이해하고 감정을 공유하는 모습을 보기 어렵다.

아침 일찍부터 일터로 출근하는 부모, 덩달아 일찍 등교해서는 하교 후에도 두세 군데 학원을 마치고 7시 넘어 집에 들어가는 아이들. 흔한 우리네 가정의 모습이다. 아이들이 하루 중 부모와 보내는 시간은 고작 서너 시간밖에 되지 않는다.

아이와 보내는 시간이 짧더라도 가족이 함께 친밀감 있는 시간을 보낸다면 문제가 없다. 하지만 적잖은 부모님들이 이 귀한 시간을 아이들 학원 숙제, 학교 숙제 등을 점검하고 감독하는 데 쓴다는 게 문제다.

부모님들의 이런 마음을 이해하지 못하는 건 아니다. 바쁜 일상을 마치고 집으로 돌아와 저녁 식사를 하고, 아이들을 씻긴 후 숙제를 봐주고 다음 날 학교 준비물을 함께 챙기다 보면 아이와 진지한 대화를 나눌 시간이 얼마나 길게 주어질 수 있겠는가. 이렇듯 아이와 부모가 마음껏 충분히 사랑을 나누기엔 이 사회가 넉넉한 시간과 마음의 여유를 허락하지 않는다.

우리는 아이들을 키울 때 제일 중요한 것이 무엇인지 아주 잘 알고 있다. 아이를 사랑하는 일, 바로 그것이다. 시간을 핑계로 아이를 사랑하는 일을 게을리해서는 안 된다.

부모가 아이를 사랑하는 마음은 늘 충만하다. 아이들은 부모의 사랑을 먹고 자란다. 그러니 바쁜 일상이 부모와 아이가 함께하는 시간을 빼앗을지언정 부모는 아이들을 사랑할 시간을 최대한 확보하려고 노력해야 한다. 어려운 일이 아니다. 부족한 시간만큼 더 밀도 있는 사랑을 주면 된다. 이 책은 바로 그런 일에 도움이 되는 책이다.

아이들은 선하다. 열정이 넘친다. 즐거움을 안다. 누가 시키지 않아도 남을 위할 줄 알고, 자신의 것을 나눌 줄 알며, 시간이 날 때마다 명랑하고 쾌활하게 잘 놀 줄도 안다. 공부도 잘하고 싶고, 달리기도 종이접기도 다 잘하고 싶다. 이 책 속에는 아이들의 이러한 마음이 고스란히 담겨 있다.

이 책의 목적은 어른들에게 지금껏 놓쳤던 것들을 다시 들여다볼 기회를 마련하는 데 도움을 주기 위함이다. 학교에 간 아이들이 어떤 일을 겪고, 어떤 마음으로 어떻게 성장해 가는지를 잘 보여주려 한다. 자녀를 1학년에 입학시켜 놓고 어떻게 학교에 적응하고 있는지 궁금한 부모님께, 아이와 소통이 어려운 어른에게 아이들의 마음을 잘 들여다볼 수 있는 돋보기 같은 책이 되면 좋겠다.

이 책을 통해 어른들이 아이들과 조금 더 가까워지길 바란다. 아이들이 다 말하지 못하는 마음 구석구석을 잘 봐주고 이해해주는 너그러운 어른이 많아졌으면 좋겠다. 그냥, 조건 없이 아이들을 사랑해주는 좋은 어른이 많아지면 좋겠다. 세상에 어른들의 관심과 사랑을 싫어하는 아이들은 없으니까.

제1부

자라는 마음

1
불안을 용기로
극복하는 아이들

입학하는 날

초등학교 입학식은 아이와 학부모, 선생님이 똑같이 긴장하고 설레는 날이다! 돌이켜보면, 나에게 생애 첫 사회활동은 초등학교 입학이었다. 유치원을 제대로 다니지 않기 때문에 입학 날 얼마나 긴장했던지 그 기억이 지금도 새록새록하다.

요즘 아이들은 대부분 아주 어릴 때부터 놀이방, 어린이집, 유치원을 마치고 학교에 들어온다. 하지만 초등학교에 입학한다는 것은 의미가 사뭇 다르다. 왜 그럴까? 나는 우리 반 아이들에게 직접 물어봤다.

아이들은 여러 가지 이유를 말했다. 그 가운데 가장 많은 대답은 '학교는 진짜 공부를 하러 오니까'와 '많은 친구를 만나게 되니까 걱정되어서'였다. 아이들은 공부다운 공부를 배운다는 것에, 그리고 많은 친구들을 만난다는 것에 기대와 동시에 두려움을 느끼고 있었다.

"학교에 가서 공부 잘할 수 있지?"

"학교 가면 선생님 말씀 잘 들어야 해."

"학교 가서 친구들과 사이좋게 지내."

"발표도 잘해야 해."

입학하기 전부터 아이들이 부모님에게 들어온 말들이다. 아이들은 주변 어른들로부터 많은 당부를 들으며 학교라는 곳에 가면 '정말 잘해야 하는구나'라고 느낀다. 압박감까지는 아니어도 부담이 될 일이다. 입학 선물을 받고, 새 가방과 공책, 연필과 필통 등을 보며 기분이 좋지만, 막연한 두려움이 생겨나는 것은 어쩔 수 없을 것이다. 아이들은 이렇게 복잡한 마음으로 입학을 기다렸다.

한편, 아이의 입학을 앞둔 부모님 마음도 복잡하긴 마찬가지일 것이다. 학부모가 된다는 일이 어찌 그렇지 않겠는가. 좋은 가방과 문구류, 입학식 날 입을 새 옷을 장만하며 아이처럼 부모도 설레면서 한편으로는 학교에 대한 고민도 만만치 않다. '우리 아이가 잘할 수 있을까?', '혹시나 따돌림당하진 않을까?', '담임선생님이 우리 아이를 예뻐해 주실까?', '아이를 위해 무슨 공부를 시켜야 할까?', '학부모로서 뭘 준비해야 할까?'…. 머릿속은 온통 아이를 위한 생각뿐이다. 입학식 날 보면 학부모님의 얼굴에는 그간의 긴장과 고민, 설렘이 고스란히 다 드러나 보인다.

이런 감정은 학교에서 아이들을 맞이하는 선생님도 마찬가지다. '어떤 아이들을 만나게 될까?', '학교에 처음 들어오는 아이들에게 뭘 자세히 알려줘야 할까?', '혹시 아이들이 너무 무서워하지는 않을까?' 하는 생각으로 입학 준비를 하다 보면 잠을 설치기 일쑤다.

올해 입학 전날 나는 아이들에게 잘 보이고 싶은 마음에 얼굴에 팩도 하고 일찍 잠자리에 들었음에도 고작 3~4시간밖에 잠을 못 잤다. 20년 경력 선생님도 이렇게 입학식 날에 긴장한다.

드디어 입학 날이 밝았다! 교문을 들어서는 아이들의 표정에 긴장이라는 두 글자가 선명히 보인다. 그만큼 엄마 아빠의 손을 꽉 붙잡고 들어온다. 북적이는 운동장에서 나는 우리 반 팻말을 들고 아이들을 기다렸다. 한 명, 두 명… 내 앞으로 모여드는 아이들과 학부모님들의 얼굴에는 안도감과 함께 여전히 긴장감이 흐른다. 나는 밝은 얼굴로 먼저 인사를 건넨다.

"안녕, 만나서 반가워! 입학을 축하해!"

학부모님의 표정에서 긴장이 살짝 풀어지는 게 보인다. 하지만 아이의 표정은 더 얼어붙는다. 그럴 땐 더욱 싱그럽고 부드러운 미소를 지으며 아이와 눈맞춤을 이어간다. 그렇게 아이들과 학부모님들로 붐비던 운동장이 질서를 찾아가면서 각각의 반 아이들이 푯말을 찾아 모이면 담임선생님의 인솔 아래 교실로 이동한다.

이젠 아이들이 부모님과 떨어질 시간이다. 아이들은 교실 안으로 들어가고, 부모님은 복도나 운동장에서 아이들을 기다려야 한다. 그때부터는 아이들 표정에 긴장감이 더 고조된다. 그래서 나는 더욱 명랑하고 밝은 목소리로 아이들을 이끌며 교실로 안내한다.

며칠 전부터 나는 입학하는 아이들을 맞기 위해 교실을 한껏 치장했다. 파스텔톤과 원색 계열로 아이들이 좋아할 만한 분위기를 내느라 신경을 썼다. 책상 위에는 작은 입학 선물을 올려놓았다. 그러나 교실로 들어선 아이들의 얼굴에서 긴장도가 쉽게 낮아지는 것 같지 않았다. 나는 활짝 웃는 얼굴로 말했다. 내 얼굴을 보고 좀 더 편안한 마음이 되길 바라면서.

"친구들, 원하는 자리에 앉아보세요."

이렇게 무사히 교실까지 들어와 아이들이 자리를 찾아 앉으면 절반은 성공이다! 그래도 아이들 표정엔 불안과 긴장이 감돈다. 이리저리 고개를 돌리며 엄마 아빠를 찾는 아이들이 많다. 내가 더욱더 분발해야 하는 시간이다.

나에게는 이럴 때 쓰는 비장의 무기가 2개 있다. 첫 번째는 포옹이다. 나는 아이들 이름을 한 명씩 부르며 정성껏 만든 이름표를 걸어주며 따뜻하게 꼭 안아준다.

"안녕, 지우야! 우리 잘 지내자! 널 만나서 반가워!"

아이들 표정이 조금씩은 풀어진다. 하지만 오히려 더 굳어지는 아이들도 있다.

그럴 때 쓰는 두 번째 비장의 무기는 바로 그림책이다. 짧으면서도 뒷이야기가 궁금해지는 그림책을 한 권 미리 준비해뒀다. 그림책은 아이들이 익숙한 것이니까. 그리고 무슨 이야기인지 아이들이 잘 집중할 수 있어서 여러모로 좋다. 다만 한참 읽어주다가 클라이맥스가 되었을 때 멈추는 게 비법이다.

"뒷얘기가 궁금하지요? 그럼 내일 꼭 학교에 오세요. 내일 읽어줄게요."

그제야 조금 웃는 얼굴들이 보인다. 나도, 아이들도 조금은 안심하게 되는 순간이다. 그리고 이날 꼭 숙제를 하나 내준다.

"여러분, 선생님이 숙제를 내줄 거예요. 오늘 꼭 해야 하는 숙제예요."

순간 아이들 얼굴이 또 굳는다. 나는 아이들이 더 겁먹기 전에 얼른 뒷말을 이어가야 한다.

"숙제는 바로, 오늘 집에 가서 '부모님께 꼭 안기기'예요. 여러분이 오늘 학교에 입학하느라 정말 고생 많았잖아요. 그러니까 부모님께 따뜻한 포옹을 받아야 해요. 숙제를 해올 수 있죠?"

몇몇 아이들은 웃고, 몇몇은 "네!"라고 대답한다. 또 다른 아이들은 어리둥절한 모습으로 대답 없이 앉아 있다. 경험상 이 숙제는 다음 날 모든 아이들이 다 해왔지만 '꼭'이라는 부담을 덜어주기 위해 이렇게 말한다.

"숙제 안 해와도 괜찮아요. 하지만 해오면 더 좋아요!"

이런 당부에 숙제를 안 해오는 아이들은 지금까지 단 한 명도 없었다. 부모님에게 안기는 걸 싫어하는 아이들은 없으니까.

첫날의 교실 활동은 이렇게 마무리하고, 다시 아이들과 함께 부모님이 기다리는 운동장으로 나가기 위해 줄을 선다. 교실 위치를 다시 한 번 잘 일러주고, 신발장에 신발 넣는 방법도 알려준 뒤에 함께 운동장으로 나간다.

교실에서부터 이리저리 엄마 아빠를 찾던 아이들은 드디어 기다리던 엄마 아빠를 보고 활짝 웃는다. 더러는 울먹이기도 한다. 학부모님과 아이들의 만감이 교차하는 운동장의 분위기는 사뭇 감동적이다. 울며 나오는 아이들을 엄마와 아빠가 꼬옥 안아준다.

부모가 아이를 폭 감싸 안고 등을 다독거리는 모습, 머리를 쓰다듬어 주시며 양 볼에 뽀뽀를 퍼부어주는 모습…. 그런 모습을 보고 있으면 어떤 아름다운 명화도 이보다 더 아름다울 수는 없다는 생각이 저절로 든다. 아이들 얼굴에서도 드디어 긴장감이 거의 사라져 보인다.

부모님의 손을 잡고 교문을 빠져나가는 아이들의 뒷모습을 한참 동안 바라본다. 입학식 날, 무엇보다 가장 큰 일을 해낸 사람은 바로 아이들이다. 부모님 손을 놓고 낯선 선생님을 따라 교실로 들어와 앉아 있던 아이들 모습을 생각하면 기특하고 자랑스럽다.

'우리, 잘 지내보자! 선생님이 많이 사랑할게! 내일 학교 올 땐

웃으면서 와줘!'

아이들이 떠난 텅 빈 교실에서 올 한 해의 바람을 담아 혼잣말을 해본다. 조금 전까지만 해도 수많은 긴장과 불안이 가득했던 교실이지만 하루하루가 설렘이 가득한 즐거운 교실이 되길 바란다.

내일부터 어떤 다양한 빛깔의 크고 작은 마음들이 생겨날까 상상만 해도 가슴이 두근거린다. 입학 첫날은 그래서 또 잠을 설치게 된다.

〈처음 학교 가는 날〉

일어나 학교 가야지
바쁜 엄마 목소리
얼른 세수부터 하자
들뜬 아빠 목소리
학교가 뭐라고
쳇!
하나도 안 궁금했는데

빨리 밥 먹어야지
바쁜 엄마 목소리
준비물 잘 챙겨야지

들뜬 아빠 목소리

학교가 뭐라고

쳇!

하나도 안 가고 싶었는데

빨리빨리 걸어야지

바쁜 엄마 목소리

옷을 잘 잠가야지

들뜬 아빠 목소리

학교가 뭐라고

쳇!

하나도 안 기뻤는데

학교 운동장을 보니, 와 정말 크다!

우리 반 교실에 들어갔더니, 와 정말 예쁘다!

내가 앉을 책상을 보니, 와 정말 깨끗하다!

반 아이들 얼굴을 보니, 와 진짜 재밌겠다!

우리 반 선생님을 만나니, 와 진짜 착하겠다!

휴, 다행이다!

1학년, 재밌겠다!

애착 인형

우리 반에는 가방에 조그만 인형이나 열쇠고리를 달고 다니는 아이들이 많다. 포켓몬스터, 돌고래, 코알라 같은 동물과 만화 캐릭터 등 각자의 취향과 개성이 담긴 것들이다.

"얘들아, 너희들 인형 같은 거 좋아하나 봐?"

"네, 선생님, 요즘 이게 유행이에요."

"그렇군, 멋져 보인다."

아이들은 서로 가방에 달린 인형이나 열쇠고리를 보여주며 이야기꽃을 피웠다. 작고 귀여운 아이들이 작고 귀여운 인형을 만지며 노는 모습이 역시 1학년다웠다.

어느 날이었다.

"선생님, 수지는 학교에 인형 갖고 왔어요. 장난감 갖고 오면 안 되죠?"

"그래요. 장난감은 학교에 가져오면 안 돼요. 집에 돌아가면 갖고 놀 수 있도록 집에 두고 오세요."

친구의 고자질과 선생님의 훈계를 들은 수지는 다소 억울하다는 표정을 지어 보였다. 나는 아이를 달래주는 말을 이어가야 했다.

"수지야, 그 인형이 수지한텐 엄청 중요한 거구나. 그렇지?"

"네."

18

부끄러우면서도 속상한 표정의 수지는 고개를 푹 숙이고 더 말이 없었다.

"수지야, 오늘은 갖고 왔으니 가방에 두고, 내일 가져올지 말지는 엄마 아빠하고 집에서 의논하고 가져오면 어떨까?"

"네, 그럴게요."

수지는 그렇게 대답했지만 다음 날 또 인형을 가지고 왔다. 수업이 끝나고 나는 아이 어머님과 전화 상담을 했다.

수지네는 입학 며칠 전에 이 동네로 이사 왔다고 한다. 그래서 아직 수지가 많은 것에 낯설어한다며, 어머님은 인형에 대한 이야기를 덧붙여 말씀해주셨다.

수지는 어릴 적 맞벌이하는 부모님 때문에 2년 간 할머니 집에 맡겨져서 컸는데, 당시 그 인형을 수지가 친구처럼 의지했다고 한다. 그리고 수지가 어린이집에 처음 다닐 때도 그 인형을 가져갔었는데 얼마 안 가서 멈췄으니 조금만 시간을 갖고 지켜봐달라는 말씀이셨다. 그런 내막을 알고 나니 다소 안심이 되었다.

입학 초에 아이들은 학교에 적응하기 위해 상당한 스트레스를 받는다. 새로 만난 낯선 선생님과 반 아이들 틈에, 거기다 이사온 지 얼마 안 된 수지 같은 아이는 동네에 아는 친구도 없어서 더욱 불안해질 수 있다. 그렇게 초조하고 긴장되는 시간이 계속되다 보니 아이는 자신을 위로해주고 안정감을 줄 수 있는 무언가를 학교에 가져오고 싶었고, 그게 인형이었던 것이다.

나는 수지를 충분히 이해할 수 있었다. 다음 날, 수업시간에 짬을 내어 아이들과 함께 자신의 소중한 물건에 대한 주제로 이야기를 나눴다. 아이들에게 각자 집에 있는 자기 물건 중에서 아끼는 것을 하나씩 얘기해 보라고 했다. 아이들은 토끼 머리핀, 장난감, 레고, 스마트폰, 게임기, 인형의 집 등 자신이 아끼는 물건을 신나게 얘기했다.

"와, 소중한 게 정말 많네요. 여러분, 그걸 학교에 가져오고 싶을 때도 있지요? 하지만 소중한 물건인 만큼 망가지지 않도록 집에 잘 놓고 오는 것도 좋아요. 대신 아침에 학교에 올 때, 여러분이 학교에서 돌아올 때까지 잘 있으라고 얘기해주고, 잘 기다리라고 인사하고 오면 좋을 것 같아요. 그렇게 해볼까요?"

"네!"

아이들의 힘찬 대답 소리가 교실을 울렸다. 그런데 한 아이가 다시 말을 이었다.

"선생님, 우리 집에 있는 내 담요는 갖고 오고 싶은데 못 갖고 와요."

"아, 그렇구나. 그건 좀 아쉽지만, 집에 있으니까 절대 없어지진 않겠는데? 소중한 물건이 안전하게 있는 것은 중요하지 않을까?"

그렇게 말하면서 나는 한 가지 제안을 했다.

"그래도 혹시 정말 학교에 가져오고 싶다면 우리 딱 하루만 학교에 가져와서 우리가 지내는 교실에 한 번 놓아보고 집에 다시 가져가는 건 어떨까요?"

"진짜요? 장난감 가져오면 안 된다고 하셨잖아요?"

"음, 그러니까 딱 하루만?"

"좋아요, 선생님!"

아이들은 신이 나서 환호했다.

그렇게 반 아이들 모두가 애착 물건을 학교에 가져오는 시간을 가졌다. 책상 위에 올려놓고 친구들과 실컷 이야기하며 가지고 놀았다. 그 뒤로 수지는 더는 학교에 인형을 가져오지는 않았다. 대신 가방에 작은 인형 하나를 달고 다녔다.

아이들은 아주 어릴 적부터 엄마와 떨어지기 시작하면서 엄마를 대신해 불안과 초조를 달래줄 애착 물건을 갖게 되는 경우가 흔하다. 인형, 담요, 베개, 수건, 머리핀, 장난감 등 그 대상도 다양하다. 이런 물건에 애착을 보이는 시기는 만 3~4세 정도면 끝난다고 한다.

그렇게 애착 정도가 없어졌다가 초등학교 입학이라는 큰 스트레스 상황에 놓이면 다시 애착 물건에 대한 집착을 보일 수도 있다. 하지만 아이들은 그 물건을 대놓고 책상 위로 올려놓지는 않는다. 아이들도 장난감이나 인형 같은 물건을 학교에 가져오는 일이 칭찬받지 못하는 일이라는 걸 알고 있기 때문이다.

나 역시도 이런 아이들의 행동을 걱정하거나 염려하지 않는다. 대부분 입학 초기에만 짧게 그런 증상을 보이고, 시간이 흐르면서 자연스레 사라지는 경우를 많이 봤기 때문이다.

만약 아이가 불안하고 초조해하며 애착 있는 물건을 가지고 다니려고 한다면, 억지로 아이에게서 그것을 떼어놓거나 뺏는 것은 좋지 않다. 오히려 아이를 더 불안과 스트레스 상황에 몰 수 있기 때문이다. 이럴 때는 학부모님이 여유를 갖고 아이를 기다려주면 좋다. 아이와 충분히 대화하면서 아이의 마음을 이해하고 수용하는 태도를 보여주면 오히려 아이가 더 빨리 불안을 극복하는데 도움이 된다.

나의 경우처럼, 담임선생님이 아이들에게 한 번쯤은 학교에 그 물건을 가지고 오게 해보는 것도 나쁘지 않다. 반 아이들이 서로 자신의 소중한 물건에 대해 이야기를 나누고 쉬는 시간에 친구들과 함께 가지고 놀면서 그 물건에 대해 실컷 이야기할 수 있는 시간을 만들어 보는 것도 좋겠다.

〈토끼 인형〉

학교에 가면

아이들도 많고

운동장도 넓고

교실도 크고

만화책도 많아요

그래서 학교가 좋아요

쉬는 시간에 놀 수도 있고
점심시간에 급식도 맛있게 먹어요
사자 머리 선생님도 친절하고요
수 세기도, 한글도 어렵지 않아요
그래서 학교가 좋아요

그런데 자꾸만
집에 있는 토끼 인형이 생각나요
보들보들한 다리
뽀송뽀송한 꼬리
말랑말랑한 배
자꾸만 생각나요

엄마 냄새, 아빠 냄새, 할머니 냄새
우리 집 냄새가 다 있는 토끼 인형이
자꾸만 생각나요

진정한 1학년

초등학교 입학식 날에 아이들은 어떤 생각을 할까? 기대하고 설레는 마음일까? 물론 그렇지만, 적지 않은 아이들이 커다란 학교와 많은 사람들, 처음 보는 담임선생님에게 생소한 긴장감을 넘어 두려움과 공포를 느끼기도 한다.

내가 만났던 승우는 입학한 날부터 울었다. 그해에는 유독 입학식 날 울던 아이가 많았다. 대개 한두 명인데 서너 명은 됐으니. 하지만 다음날이 되면 울었던 아이들 대부분이 신기하게도 그럭저럭 잘 적응해 갔다.

그런데 승우는 아니었다. 입학한 지 사흘이 지나도록 엄마와 함께 교실 문 앞까지 왔고, 매번 엄마와 헤어질 때마다 쉽게 떨어지질 못했다. 승우 어머님께서는 하는 수 없이 교실 복도에서 아이를 지켜보다가 1교시가 끝날 때쯤 몰래 가셨다. 뒤늦게 엄마가 가버린 걸 알아챈 아이는 다시 엉엉 울며 통곡했고, 나는 그런 아이를 달래느라 진땀을 빼야 했다.

나흘째 되는 날도 승우는 엄마와 함께 학교에 왔다. 승우 어머님께서는 실내화를 갈아신기며 아이에게 당부했다.

"오늘은 울지 말고, 선생님 말씀 잘 듣고, 급식 잘 먹고…, 좀 있다 만나자!"

"…"

승우는 대답이 없었다. 그런 모습을 지켜보고 나는 애써 미소 지으며 아이에게 말했다.

"승우야, '네, 엄마!' 하고 대답하면 엄마가 좋아하실 것 같은데."

순간 아이는 와락 엄마 품으로 파고들어 엉엉 울었다.

"아, 미안해. 승우야! 울지마, 선생님이 미안."

승우는 나를 쳐다보지도 않고 계속 엄마 품에 안겨 울었다. 반면, 승우 어머님께서는 나를 보며 어찌할 바를 몰라 하셨다. 조금 후 아이의 울음이 잦아들자, 나는 아이에게 손을 내밀었다.

"승우야, 이제 우리 교실로 들어갈까?"

승우는 교실로 들어가야 한다는 상황을 받아들이는 듯 내 손을 잡았다. 그리고 뒤돌아 엄마를 쳐다보면서 반은 내게 끌리듯 교실로 들어왔다.

나는 아이를 자리에 앉혀주고는 내 자리로 돌아갔다. 그 사이에 승우는 다시 울먹이며 교실 창밖에서 자신을 보고 있는 엄마를 향해 작은 목소리로 말했다.

"엄마, 가… 가지 마. 거기 있어."

다른 아이들이 떠들고 있는 상황에서도 울먹이던 승우의 목소리는 내 귀에 아주 크게 들렸다. 그만큼 내 마음도 무거웠다. 아이를 잘 달래서 학교생활에 적응시켜야 한다는 큰 숙제를 받은 기분이었다.

'어떡하나. 곧 또 울 것 같은데.'

아니나 다를까 승우는 곧바로 옷소매로 눈물을 훔쳤다. 왼쪽, 오른쪽을 번갈아 가며 계속 흐르는 눈물을 닦았다.

나는 승우 어머님께 복도에서 계속 지켜봐 주십사 부탁드렸다. 승우 어머님께서는 송구스럽게 되었다며 미안해했다.

사실 1학년 아이들이 학교에 잘 적응하기 위해서는 교실 밖에서 학부모님께서 지켜보고 있는 것은 그리 좋은 방법은 아니다. 뭔가 적절한 방법이 절실했다.

나는 그림책을 이용하기로 했다. 그날 첫 시간에 그림책 읽기 수업을 했다. 사실 다른 수업이었는데 승우를 위해 변경했다.

"오늘은 「1학년이 최고야!」라는 그림책을 읽어줄 거예요."

제자리에 앉은 반 아이들의 초롱초롱한 눈빛이 살짝 긴장한 듯 보였다. 1학년 수업이 대부분 그렇겠지만, 특히 그림책 수업은 밝고 경쾌한 분위기에서 집중하는 게 중요하다. 그래서 나는 이 책을 읽어줄 때마다 아이들에게 '최고야' 부분에서 엄지를 높이 들고 "1학년이 최고야!"를 힘껏 외치도록 했다.

"선생님이 제목을 읽을 거예요. 여러분도 따라 읽어주세요. '1학년이 최고야!'"

나는 엄지를 높이 치켜들면서 과장된 몸집으로 아이들의 시선을 끌었다.

"1학년이 최고야!"

다행히 아이들은 웃으며 나를 따라 크게 외쳤다. 그 사이에 나는 승우를 봤다. 승우는 다른 아이들의 큰소리에 어리둥절한 표정으로 돌아다볼 뿐 가만히 있었다. 나는 별다른 반응을 보이지 않고 계속해서 책을 읽기 시작했다.

그 책은 1학년이 된 아이가 유치원과 초등학교를 비교하면서 유치원이 더 좋다고 생각했지만, 오히려 초등학교에 더 좋은 게 많다고 생각하며 초등학교에 잘 적응하게 된다는 내용이다.

책을 다 읽고 난 뒤에 아이들에게 질문했다.

"자, 여러분! 여기 책에서 보니까 유치원과 초등학교의 다른 것들이 많이 나오네요. 어떤 게 다른가요?"

아이들은 서로 뒤질세라 소리높여 대답했다.

"그럼, 여러분이 생각하는 다른 점은 뭐가 있나요?"

"유치원은 식판도 작은데, 우리는 식판이 커요."

"유치원 다닐 땐 지각을 해도 괜찮았는데, 학교는 지각하면 안 돼요."

"유치원에서는 가방이 다 똑같은데, 학교는 안 그래요."

평소 아이들이 생각하고 느끼는 것들이었으니 하나같이 다 옳은 말이다.

"그럼 여러분은 초등학생이 되어서 더 멋있어진 게 뭐가 있을까요?"

나는 화제를 초등학생의 멋으로 돌렸다. 한 아이가 손을 번쩍 들었다.

"그래, 도원이 말해 보세요."

"유치원 때는 무지개반 앞까지 엄마가 데려다주고, 신발도 갈아 신겨 주잖아요. 근데 초등학생이 되면 혼자 해야 해요."

"아, 그게 도원이는 멋지다고 생각했구나? 정말 그렇네! 여러분은 1학년이니까 엄마가 교실 앞까지 데려다주지 않지요. 교문 앞에서 헤어지나요?"

"네!"

아이들은 씩씩하게 대답했다, 한 아이, 승우만 빼고.

그때 나는 승우의 마음을 짐작해 봤다. 그 아이인들 엄마랑 헤어질 때 울고 싶겠는가. 참아도 터져 나오는 울음을 자신도 어쩔 수 없었을 거다. 나는 승우의 괴롭고 서글픈 마음을 위로해주고 싶었다.

"그런데 학교에 들어온 지 얼마 안 됐기 때문에 학교가 낯설잖아요. 아는 친구도 없으면 더 그렇겠죠. 그래서 엄마랑 교문에서 헤어지는 게 좀 쉽진 않죠, 맨날 유치원 다닐 땐 엄마가 유치원 문 앞에서 헤어졌는데 말이에요. 초등학교처럼 새로운 곳에 다녀야 할 땐 그게 더 힘들 거예요."

나는 말을 하며 승우를 슬쩍 봤다. 그때 아이의 표정에는 '선생님, 엄마랑 헤어지기 힘든 저를 이해해 주세요', '저도 새로운 환경에 적응하려니 힘들어요', '사실 저도 노력하고 있어요'라는 3가지 말이 담겨 있는 것 같았다. 짠한 마음이 들었다.

"선생님이 살아보니까, 갑자기 뭔가를 새로 시작하거나 바꿀 땐 '큰마음 먹기'가 필요하더라고요. '큰마음 먹기'라는 말은 '난 이제 달라질 거야, 1학년이니까. 유치원생은 아니니까'라고 굳게 스스로 약속하는 걸 말해요. 그러니까 여러분이 엄마랑 아침에 헤어져서 혼자 교문에서부터 교실까지 걸어올 때, '교실까지 잘 찾아갈 수 있을까? 난 잘 찾아갈 거야' 하고 다짐하는 것 같은 것이죠."

"선생님, 입학식 때 엄마가 내 손을 놓고 운동장 뒤로 갔잖아요. 그때 눈물 나올 것 같았는데 참은 거예요."

"와, 바로 그게 '큰마음 먹기'를 한 거야!"

발표를 한 아이는 뿌듯한 표정으로 웃었다. 다른 아이들도 비슷한 경험을 이야기했다.

"그럼, 여러분은 진짜 1학년이네요! 이젠 유치원생이 아니고요!"

"맞아요! 졸업했잖아요!"

반 아이들 모두가 그 시간에 신나 있지만, 승우는 계속 말이 없었다. 혹시나 반 아이들과 내가 주고받은 말에 승우가 상처를 받은 건 아닐까 걱정됐다. 자연스레 승우에게 더 눈길이 갔다. 다행히 승우의 표정이 더 어두워지진 않았다.

그렇게 1교시가 끝났다. 복도에 보니 승우 어머님은 안 보였다.

"자, 여러분! 쉬는 시간입니다. 화장실에 다녀오세요. 차례차례 질서를 지켜주세요."

아이들이 화장실로 우르르 몰려갔다. 승우는 자리에 앉아서 필통을 만지작거렸다. 전날 같으면 복도로 뛰어나가서 엄마가 없는 걸 알고 울음을 터트렸을 법한데, 그렇지 않았다. 그건 분명 조금은 희망적인 신호였다. 나는 그런 승우에게 다가갔다.

"승우야, 필통에 연필을 참 가지런히 잘 깎아 왔구나."

승우는 말없이 고개만 끄덕였다. 그리고 그날 승우는 울지 않고 모든 수업을 마치고 집에 갔다.

하지만 다음 날 출근하면서 나는 승우를 걱정하는 마음을 떨쳐버리지 못했다. 오늘은 신발장 앞에서 엄마와 헤어지지 않으려고 우는 모습을 멈출 수 있을까. 긴장된 마음으로 교실에서 아이가 오기를 기다렸다.

"드르륵!"

교실 앞문이 열리더니 승우가 걸어 들어왔다.

"어, 승우! 안녕! 근데 오늘 혼자 온 거야?"

"네, 엄마랑 교문에서 헤어졌어요."

Yes! 드디어 해결됐다. 뭔가 밝은 빛이 온몸을 퍼져나가는 기분이었다.

"우와! 승우! 너 좀 멋진데! 선생님 지금 감동했어!"

나는 아이를 와락 끌어안고 이리저리 빙빙 돌렸다.

"선생님, 뭔데 그래요?"

다른 아이들이 순식간에 주변으로 몰려왔다. 재미있는 일은 함께 나누자는 표정들이었다.

"승우가 오늘따라 더 멋있어서, 선생님이 꽉 안아버렸어."

아이들은 내가 웃는 표정을 보고 따라 웃었다. 그때 한 아이가 승우에게 물었다.

"근데, 승우야. 네 엄마는 안 오셨어?"

"당연하지. 유치원생도 아닌데, 1학년이잖아!"

승우는 질문한 아이를 바라보며 당당하게 말했다. 놀라웠다. 저런 씩씩한 면이 어제까지 어디에 숨어 있었는지…. 하루아침에 바뀐 아이의 모습에 나는 기쁘고 즐거웠다.

"맞아. 맞아. 우린 1학년이지!"

"네, 선생님! 우린 유치원생은 아니잖아요. 언니가 그러는데 유치원생은 유치해서 유치원생이래요."

한 아이의 재치 있는 유머에 우리는 크게 웃었다.

아이들은 유치원생이라는 말을 정말 싫어한다. 유치원을 졸업하고 1학년이 되었다는 아이들의 자부심은 어른들이 생각하는 것보다 훨씬 크다. 그만큼 아이들 스스로 '큰마음 먹기'를 한다는 뜻이기도 하다.

유치원 시절처럼 어리광부리고 떼쓰고 싶은 마음이 한순간에 변하긴 힘들지만, 아이들은 그만큼 노력하고 애쓴다. 입학해서 적응하기까지 힘든 시간은 분명히 아이들에게 존재한다. 엉덩이를 의자에 붙이고 40분씩 앉아 있기를 4시간 가까이, 그것도 갑자기 시작한다면 어느 아이가, 얼마나 잘 적응하겠는가.

그렇다고 아이가 학교에 적응하는 걸 마냥 기다릴 수는 없다. 그때 어른들의 적절한 도움이 있으면 좋다. 별다른 게 아니다. 지지와 응원, 격려와 위로다. 나머지는 아이가 해낸다.

아이들은 힘 있는 존재다. 스스로 생각하고 결정하고 행동할 수 있는 능동적이고 창의적인 존재다. 진정한 1학년이 되기 위해서 어제와는 확 달라진 모습으로 등장했던 우리 반 승우처럼, 아이들은 모두 도전하고 용기 내서 '큰마음 먹기'를 할 수 있는 멋진 존재다.

〈꿀꺽 마음 먹기〉

유치원을 졸업했어요
그러니까 이제 1학년

교문 앞에서 엄마랑 헤어질 때
엄마 손 놓기 싫어도
꿀꺽
마음을 크게 먹고 참아요
나는 이제 1학년이니까요

커다란 교실

커다란 책상에 앉아 공부하다가
엄마가 보고 싶어도
꿀꺽
마음을 크게 먹고 참아요
나는 이제 1학년이니까요

시골에서 올라온 할머니는,
"우리 강아지, 학교 들어가더니 더 의젓하네!"라고 하세요
꿀꺽꿀꺽
마음을 많이 먹었더니 쑥쑥 자랐나?
"할머니, 당연하죠, 나는 유치원생이 아니잖아요."

내일 학교 가서도
꿀꺽
마음 한 번 더 먹어볼래요
나는 이제 1학년이니까요

잘하고 싶은 마음

초등학교 1학년에 자녀를 입학시킨 학부모님이라면 누구나 아

이가 학교에 잘 적응할지 걱정이 많다. 아이가 똑똑하고 말을 잘하면 혹시나 다른 친구의 말을 막을까봐 걱정, 아이가 수줍고 목소리가 작으면 친구들이 이야기를 잘 안 들어줄까봐 걱정이다. 외동아이를 둔 부모는 쉬는 시간에 혼자 놀까봐 걱정, 편식이 심한 아이를 둔 부모는 급식을 잘 못 먹고 혹여 배탈이 나지 않을까 걱정이다.

등교할 때 아이를 학교에 들여보내는 부모의 얼굴에는 이러한 감정이 역력하다. 물론 하교 때도 마찬가지다. 그래서 하굣길에 아이를 보자마자, 오늘 학교에서 무슨 일은 없었는지 혹시나 친구와 다투지는 않았는지, 발표는 또박또박 잘했는지, 바른 자세로 수업은 잘 들었는지 걱정돼서 궁금한 것들을 끝없이 물어보신다. 부모의 이러한 걱정과 불안은 아이가 학교에 잘 적응하기를 바라는 마음, 학교생활을 잘하기를 바라는 마음에 다름 아니다.

그런데 이런 마음은 아이들이 더 크다. 입학 초에 한 아이 어머님으로부터 상담 전화를 받았는데, 아이가 전날 학교에서 자기소개하기 발표를 제대로 못 하고 왔다고 속상해하셨다. 혹시 아이가 학교에서 종일 아무 말 없이 앉아만 있다가 오는 건 아닌지, 자기 생각을 잘 말하기는 하는지, 같이 노는 친구는 있는지 궁금하시다며 고민을 토로하셨다.

다행히 그 아이는 어머님의 걱정과는 달리 쉬는 시간에도 친구와 잘 이야기하고, 급식도 잘 먹고, 학교 규칙도 잘 지키는 진짜 보통의 1학년이었다. 나는 관찰하고 느낀 그대로 말씀드리며, 내 얘길 통해 어머님께서 아이 걱정을 떨치시길 바랐다. 그런데 어머님의 반응은 내 기대와 달랐다.

"선생님, 우리 아이가 발표를 못 하죠? 아, 발표를 잘하면 좋겠는데. 집에서 자기 소개하기를 그렇게 연습했는데도 제대로 말을 못 했다고 하더라고요. 아휴, 정말 답답했어요, 선생님. 애를 어떡하면 좋죠?"

당황스러웠다. 어른도 자기 소개하기가 어려운 것처럼 아이들도 다른 사람 앞에서 멋지게 자신을 소개하기는 어렵다. 우선 1학년 아이들 대부분 발표하는 목소리가 그렇게 잘 들리지는 않는다.

"아, 그러셨군요, 어머님. 어쩐지 발표 전에 적어온 쪽지를 열심히 보면서 연습을 하더라고요. 그런데 막상 다른 아이들 앞에 나와서 발표하려니까 부끄러웠나 봐요. 하지만 못한 게 아니랍니다. 단지 서훈이 스스로가 만족하지 못했던 것 같아요."

"그러니까요, 선생님. 집에서는 참 잘했었는데요."

"정말 그랬을 것 같아요. 서훈이가 평소 말하는 것도 잘하는데, 아직은 친구들이 모두 보는 앞에서 발표하는 게 쑥스러울 수 있어요. 대부분 우리 반 아이들도 서훈이와 비슷했어요. 1학년 아이들이 그래요. 그래도 서훈이가 발표 연습을 많이 했다면 그것으로 칭찬받을 만하지요."

"네, 맞아요. 정말 열심히 준비했었어요, 선생님. 우리 서훈이가 참 성실하거든요."

서훈이 어머님 말씀처럼 아이는 자기 소개하기 발표 수업 전 쉬는 시간에 준비해온 꼬깃꼬깃 접힌 쪽지를 펴가며 열심히 사전 연습을 했었다. 하지만 서훈이는 평소에는 씩씩하고 당당하게 친구들과 얘기하면서도 앞에 나와서 발표하는 것은 마음먹은 만큼 잘 되질 않았다.

"어머님, 서훈이가 끝나고 무척 아쉬워했어요. 서훈이 마음도 뜻하는 대로 잘되지 않아서 속상해 보였어요. 그래서 제가 서훈이에게 발표 연습을 열심히 했으니 그것으로 훌륭하다고 칭찬했습니다."

"그랬군요, 선생님. 제가 아이 마음을 잘 몰랐네요."

서훈이 어머님께서는 연습한 대로 아이가 멋지게 발표할 거라 기대했는데 그렇지 못해서 서운한 나머지 집에 온 아이에게 잘했다고 말해주지 못한 걸 미안해하셨다. 그리고 서훈이가 집에 오면 잘했다고 다시 말해줘야겠다시며 통화를 끝냈다.

앞에서 말했듯이 다수의 사람들 앞에서 발표하는 게 어른도 쉽지 않다. 그런데 이제 1학년을 갓 시작한 아이들이 30명의 반 친구들이 모두 자기만 쳐다보고 있는 상황에서 또렷하고 큰 목소리로 발표하는 것은 상당히 어려운 일이다. 아이들은 그런 경험이 많지 않기 때문이다. 당연히 얼마만큼의 목소리 크기로 말해야 하는지도 잘 모른다.

아이들은 발표를 잘하고 싶어 한다. 내가 만난 1학년 아이들 모두 그랬다. 또렷하게 큰 목소리로 발표하는 다른 아이를 보면 부러워하고, 더 잘하고 싶은 마음도 커진다. 하지만 잘 안 된다. 그러니 아이들도 속상하고 답답해한다. 아이들의 그 마음을 교사도, 학부모님께서도 잘 이해해주면 좋겠다.

〈내 마음이 더 크다〉

내 마음이 더 크다
친구가 없어서 심심한 건

내 마음이 더 크다
달리기 시합에서 더 잘하고 싶은 건

내 마음이 더 크다
친구들 앞에서 큰소리로 발표하고 싶은 건

내 마음이 더 크다
선생님께 잘했구나 칭찬 듣고 싶은 건

내 마음이 더 크다

더 잘하고 싶은 건

엄마보다 아빠보다 내 마음이 더 크다

급식 먹기 도전

이제 갓 입학한 초등학교 1학년 아이들은 학교 급식실처럼 큰 규모의 식사 장소에서 단체 급식을 먹어본 경험이 거의 없다. 많은 학생이 한꺼번에 넓은 공간에 몰려 들어와 식판을 들고 줄을 서서 배식을 받는 급식 시간이 아이들에게는 무척 힘든 시간이다. 식판을 들고 가다 국을 흘릴까 걱정이고, 숟가락과 젓가락을 들고 식판도 함께 드는 것이 쉽지 않다.

게다가 날마다 바뀌는 급식 메뉴도 아이들 입맛에 맞는 것만 나오지는 않아 힘들어 한다. 학교 급식이 유치원생부터 교사들까지 아우르는 메뉴이다 보니 매워서 못 먹는 음식도 많다. 때로는 생전 처음 보는 낯선 음식에 당황해하는 아이들도 있다.

"선생님, 이게 뭐예요? 먹는 거예요?"

"선생님, 이거 너무 매워서 못 먹겠어요."

여기저기에서 고충을 토로하는 아이들이 적지 않다. 그때마다 아이들에게 먹는 것으로 인한 스트레스를 주지 않으려고 나는 최대한 아이들의 요구를 받아주었다.

"매운 음식은 안 먹어도 됩니다. 그냥 비워도 괜찮아요."

"처음 보는 음식에 거부감이 들면 안 먹어도 됩니다. 편하게 생각하세요."

이렇게 아이들이 부담 느끼지 않도록, 자유롭게 급식을 먹을 수 있도록 얘기했지만 우리 반의 한 아이는 급식 문제로 유독 힘들어했다. 그 아이는 예의 바르고 다정한 진우였다. 진우는 늘 교실 앞문으로 들어와 내가 앉아 있는 자리까지 다가와 인사를 건네는 씩씩한 아이였다.

"선생님, 안녕하세요?"

"안녕, 진우야! 학교에 이렇게 일찍 오다니, 참 부지런하구나!"

다소 긴장한 표정으로 인사하지만, 내가 반갑게 맞아주면 아이도 활짝 웃어줄 줄 아는 멋진 아이였다. 그런데 진우는 2교시만 되면 자꾸 시계를 쳐다보는 버릇이 있었다. 매번 몇 시인지 물었다. 그러다 점심시간 직전인 4교시만 되면 배가 아프다고 했다. 한두 번은 그럴 수 있겠다 싶었는데, 배가 아프다는 횟수가 늘어나는 것 같았다. 아이가 급식 먹기 싫은 게 아닌가 하는 생각이 들었다.

나는 진우에게 급식을 먹을 만큼만 먹어보자고, 먹기 싫으면 그냥 비우자고 달래서 급식실로 데려갔다. 그런데 며칠이 지나도 진우의 배앓이는 고쳐지지 않았다. 여전히 2교시 즈음에서부터 시계를 자꾸 쳐다보고, 시각을 물었다.

그러다가 자신의 고민을 해결할 방도를 찾지 못했는지, 어느 날 3교시 쉬는 시간에 나에게 와서 속마음을 털어놓았다.

"선생님 배가 아파서 급식을 못 먹을 것 같아요."

"그래? 저런, 오늘도 아프다니, 설마 큰 병은 아니겠지?"

진우는 큰 병이라는 말에 눈이 휘둥그레졌다. 아차! 나는 괜한 큰 병 얘기로 아이가 놀랄까봐 얼른 말을 바꿨다.

"진우야, 선생님은 진우가 먹고 싶은 만큼만 먹으면 된다고 생각해. 진우가 하고 싶은 대로 해도 돼요. 걱정하지 말아요."

"네, 선생님."

그날도 진우는 여느 때처럼 급식실에 가서 적당한 양의 점심을 무사히 먹고 왔다.

하지만 다음날에도 여전히 진우는 2교시부터 배앓이로 인한 통증을 호소했다. 이쯤 되니 쉽게 생각하고 넘길 일이 아닌 것 같았다. 그날 오후, 진우 어머님께 전화로 상담 요청을 했다. 혹시 진우가 등교 전이나 하교 후에 배가 아프다고 말하는지 여쭈어보았다.

"그래요? 진우가 그런 말은 안 했는데요. 아팠으면 집에 와서도 말을 했을 텐데, 이상하네요, 선생님."

"그렇지요, 어머님. 학교에서도 급식 먹고 나면 배 아프다는 말은 또 안 해요. 그래서 저도 며칠을 두고 보다가 배 아프다는 얘기가 너무 길어지길래 이렇게 어머님께 전화 드립니다."

어머님과의 통화로 아이에게 지속적인 복통이 있는 게 정말 어디가 안 좋아서 때문이 아닌 것만은 확실해졌다. 그렇다면 혹시 급식에 대한 긴장감이나 골고루 잘 먹어야 한다는 압박감을 느끼는 건 아닌지 하는 생각이 들었다. 나는 한동안 진우에게 급식 시간에 더욱 마음을 편하게 해주려고 애썼다.

그날 오후, 진우 어머님께서는 아이와 함께 병원에 다녀왔다는데, 병원에서는 아무런 이상이 없다는 진단을 받으셨다고 알려주셨다. 다행이라는 생각과 동시에 내 예상이 맞았다는 생각이 들었다.

그렇게 며칠이 지나고, 진우는 배 아프다는 얘기보다는 이것저것 다른 질문을 했다. '오늘은 무슨 공부를 하느냐', '선생님은 일요일에 뭐 했느냐', '문구야놀자(학교 앞 문구점)에 가 봤느냐'는 등 아이의 질문은 끝이 없었다. 그로 인해 진우와 나는 급격하게 단단한 래포를 형성했다. 그때 즈음이었다.

"선생님, 저 급식을 안 먹고 싶어요."

올 것이 왔다는 생각이 들었다. 배앓이에 대한 진우의 고민을 드디어 해결할 때가 온 것이다.

"음. 그래? 진우야, 왜 급식 안 먹고 싶어?"

나는 차분한 목소리로 다정하게 물었다.

"저기, 급식실에 사람이 너무 많아요. 너무 시끄러워서 밥을 못 먹겠어요."

아, 그랬구나! 우리 학교는 1학년 8개 반과 2학년 8개 반 아이들이 같은 시간에 급식실을 이용하고 있다. 한꺼번에 400여 명이 넘는 학생이 들어오다 보니 급식실은 진우 말대로 정말 소란스럽다. 진우는 그런 급식실 분위기에서 밥을 먹는 게 어려웠던 거다.

"그렇구나. 선생님도 널 이해해, 진우야. 사실 선생님도 너무 시끄러운 곳에서 밥 먹기 힘들거든. 너랑 나랑 좀 닮았다. 하하하…"

그렇게 나는 아이의 마음을 이해하는 내 진심을 아이에게 전했다. 진우는 한결 가벼워진 표정으로 바뀌었다.

"그럼, 진우야, 급식 안 먹어도 혼자 너를 교실에 둘 수는 없거든. 그래서 네가 친구들이 급식을 잘 먹는지 좀 봐주면 어떨까?"

진우는 그것만큼은 세상에서 자신이 가장 잘 할 수 있는 일이라는 표정으로 "예스!"라고 힘주어 대답했다. 그 뒤로 진우가 복통을 호소하는 일이 급격히 줄었다.

어느 날, 진우가 내게 와서 말했다. 진우는 복통을 호소할 때의 어두운 표정이 아닌, 밝고 경쾌한 얼굴이었다.

"선생님, 오늘은 급식을 조금만 먹어볼게요. 배가 좀 아프니까 조금만 먹을게요."

"그럼 네가 먹고 싶은 만큼만! 선생님은 언제나 진우 편!"

그렇게 진우는 급식실 분위기에 적응해 나갔다. 진우가 한 걸음씩 본인의 속도로 급식실의 고민을 해결해보려고 노력한 결과였다. 1학기가 끝날 무렵, 진우는 양쪽 볼에 밥알을 묻혀가며 급식을 야무지게 먹는 아이로 바뀌었다. 덕분에 키도 쑥쑥 자랐다.

어른들은 학교 급식실에서 밥 먹는 게 뭐가 그리 힘든 일이냐며 대수롭지 않게 생각할 수 있다. 게다가 아이들은 먹는 걸 좋아하니까 모든 아이가 급식 시간을 좋아할 것이라고 생각할 수도 있다.

하지만 그렇지 않은 경우도 많다. 급식 메뉴로 입맛에 맞지 않는 음식이 나오는 데다가 어수선하고 시끄러운 분위기에서 예민한 아이들은 급식 시간이 불편하고 힘겨울 수 있다.

그렇다고 마냥 아이가 적응하기를 기다리는 것만이 좋은 방법이라고 할 수도 없다. 아이와 천천히 대화하며 시간을 갖고 아이 마음을 하나하나 풀어가는 것. 진우를 통해 나는 그 방법이 아이의 문제를 해결하는 데 가장 좋다는 걸 알게 되었다.

아이의 문제를 잘 해결하는 최고의 방법은 아이의 마음에 관심을 두는 것에서 나온다. 그러면 아이들은 스스로 답을 찾아 결국 해결해낸다. 그게 아이들이 가진 힘이다. 이때 어른들이 할 일은? 우리 어른들은 아이와 같이 손잡고 걸으면 된다.

〈배가 아파지는 시간〉

점심시간이 다가오면

배가 아파져요

꿀럭꿀럭 꿀럭꿀럭

배가 꿀럭이니까 마음도 꿀럭거려요

오늘 급식을 못 먹겠어요

(쉿, 그런데 사실은

급식실이 너무 커서요

급식 책상이 너무 높아서요

급식실이 너무 시끄러워서요

급식이 너무 매워서요

급식이 너무 많아서요)

(쉿, 그런데 진짜 진짜 사실은

급식을 아주 잘 먹고 싶어요

키 큰 친구처럼 잘 먹고 싶어요

달리기 잘하는 친구처럼 잘 먹고 싶어요

팔씨름 잘하는 친구처럼 잘 먹고 싶어요)

(쉿, 그래서 내일은 잘 먹어보려고요

모레는 더 잘 먹어볼게요

선생님은 내 마음 알죠? 다 들리죠?)

문제는 자아존중감

자아존중감, 흔히 자존감이라 하는데 자신이 그것을 충분히 할 수 있는 능력이 있는 사람이라 여기는 힘을 말한다. 그러한 자존감이 잘 형성되기 위해서는 어렸을 때의 경험이 중요하다. 유년기에 주변인들로부터 긍정적인 피드백을 받은 아이들은 자존감이 높다.

그런 자존감은 내면에 생기는 것이지만 외부의 시선과 말투, 태도 등도 큰 영향을 끼친다. 다시 말해, 자아정체성이 형성되기 이전의 아이들에게는 외부의 영향이 더 클 수 있다. 주변의 적극적인 지지와 경청, 사랑과 보살핌을 받는 아이들은 당연히 자아존중감이 높다. 이러한 아이들은 자신에게 처한 상황이나 문제를 긍정적으로 바라보는 태도를 갖추고 있어서 다른 아이들이 놀리거나 마음을 상하게 하는 언행을 할지라도 크게 동요하지 않는다.

나는 아이들의 자존감을 키워줄 수 있는 학급 운영 방법으로 오래 전부터 '또래 도우미 활동'을 해왔다. 그것은 말 그대로 한 친구가 다른 친구를 근거리에서 자주 도와주는 활동이다. 예를 들면, 장애 있는 친구 도와주기, 선생님과 함께 도서관에서 책 빌려오기, 에너지 절약 실천을 위해 교실 전등 끄기, 수업 시간에 학습을 어려워하는 친구 도와주기, 친구 보건실 따라가기 등 여러 가지가 있다. 그것들 모두가 아이들이 생활하는 데 있어서 소소하지만 아주 중요한 활동이다.

그렇다고 미리 정한 활동은 없다. 도우미 활동 종류도, 함께할 친구들도 모두 그때마다 정한다. 이 말은 곧 모두가 서로의 도우미가 되어줄 수 있다는 뜻이다.

도우미 활동을 운영하면서 '이거 하길 참 잘했어'라고 보람을 느낄 때가 많다. 특히 교실에서 별다른 주목을 받지 못하는 아이들이 도우미 활동을 통해 자존감을 쌓아가는 걸 볼 때가 그렇다.

우리 반에 조금 특별한, 정말 말이 없는 한 남자아이가 있었다. 진호는 화장실을 가고 싶을 때는 물론, 준비물이 없어서 선생님께 빌려달라고 와서도 말없이 나만 쳐다봤다. 나는 눈빛으로 아이가 원하는 것을 읽어내야 했다. 처음에는 내가 묻고 또 물어봐도 대답이 없어서 답답했는데, 간혹 바지를 잡고 있다거나 하는 등 힌트를 통해 별다른 문제 없이 소통할 수 있었다.

진호에게 있어 말이 없는 것보다 더 큰 문제는 아이의 마음이었다. 물고기 가족화 그리기로 간단한 심리검사를 했는데, 진호의 자존감이 아주 낮게 나왔다. 진호는 다른 가족 구성원의 물고기는 정말 크고 멋지게 그렸던 반면, 자신은 개미만큼 아주 작게 그려놓았다. 그 결과를 가지고 아이 어머님과 상담을 했다.

"진호는 자기가 4살 동생보다 공부를 못한다고 말해요. 자기는 잘하는 게 하나도 없대요."

진호 어머님께서도 자신감 없는 아이에 대해 걱정하고 계셨다.

무엇이 진호 스스로를 낮게 평가하도록 했을까?

나는 해결 방법을 찾기 위해 아이에게 선생님 도우미 활동을 권했다. 즉 진호에게 항상 내 옆에서 작고 소소한 것들을 도와주는 도우미 활동을 부탁하면서 '작은 선생님'이라고 이름도 붙여 줬다.

진호는 싫지 않았는지 내 부탁에 수줍게 웃음으로 응답했다. 그 후 작은 선생님 진호는 바쁘게 활동했다. 나를 도와 아이들에게 학습지 나눠주기, 교실 뒤편에 게시한 작품 걷어서 친구들에게 나눠주기, 쉬는 시간에 칠판 지워주기, 수학 시간에 공깃돌 알맞은 개수만큼 세어서 친구들에게 주기, 색종이 정리해주기 등 거의 학교에 있는 내내 내 옆에서 나와 함께 했다. '껌딱지', '샘 아들'이라는 동료 선생님들의 말이 나올 정도로 진호는 도우미 활동을 충실히 했다.

몇 달 뒤, 가족 동물 상상 그리기 시간이었다. 자신의 가족과 닮았다고 생각하는 동물을 그림으로 표현하는 수업이었다. 나는 진호의 그림이 궁금했다. 열심히 그리고 있는 진호 옆에 가서 슬쩍 아이의 그림을 훔쳐봤다. 진호는 자신을 커다란 원숭이로 정중앙에 떡하니 그려놓았다.

"진호야, 아주 멋지게 표현했구나. 네가 원숭이 같은데, 맞아?"

진호는 고개를 끄덕였다.

"이야, 대단한데! 원숭이를 크고 당당하게 잘 그리는구나. 어떤 의미로 너를 원숭이로 표현했는지 말해줄래?”

진호가 작은 목소리로 들릴 듯 말 듯 얘기했다.

“제가 할 수 있는 게 많으니까 원숭이로 그렸어요.”

“아, 그렇구나! 너를 재주 많은 원숭이로 표현했구나!”

“네, 맞아요.”

그후 진호 어머님을 다시 만났다. 어머님께서는 아이가 집에서 아주 씩씩해졌다고 좋아하셨다. 집안일도 솔선수범하여 돕는다며 진호가 학교에서 도우미 활동으로 자신감을 가지게 된 것 같다며 어머님께서는 아이의 변화에 상당히 만족하시고 흐뭇해하셨다.

진호는 자신이 담임선생님을 도와 중요한 일을 한다는 것에 자존감이 향상된 것이다. 이와 같이 어떤 일에, 어떤 곳에 도움을 준다는 것은 ‘나’ 자신을 참 멋진 사람이라고 여기게 한다. ‘기여’나 ‘공헌’이 주는 기쁨이다. 아이들도 교실에서 그런 경험을 한다. 작은 역할을 하는 것, 각자가 맡은 작은 일이라도 정성을 쏟아서 해보는 것을 통해 아이는 학교 안에서 자신이 없어서는 안 될 존재임을 느낀다. 그러면서 아이의 자존감은 한층 더 커간다.

아이들은 학급 도우미와 같은 작은 활동도 큰 의미로 여길 수 있다. 어른이 아이에게 믿고 맡기는 일이 비록 작고 사소하더라도 아이에게는 큰 의미와 가치 있는 일이 된다. 그리고 아이가 그 일을 잘 해낼 때 아이 마음은 뿌듯함과 흐뭇함으로 가득 차오른

다. 그 마음이 도미노가 되어 아이는 자존감 높은 아이로 쑥쑥
커간다.

〈내가 한 일, 좋은 일〉

오늘 내가 한 일, 좋은 일은

창문 열고 아침 공기 들이기

떨어진 신발 제자리 찾아주기

칠판지우개로 낙서 지우기

덧셈 뺄셈 문제 짝에게 가르쳐주기

그리기 다 못한 뒷자리 친구 색칠 도와주기

보건실에 가는 친구 같이 따라가주기

점심시간 전등 끄기

어제도 이만큼

오늘도 이만큼

내일도 이만큼

좋은 일이 늘어날수록

마음속 키가 쑥쑥 자라요

목소리도 더 커지고

밥도 더 잘 먹고요

그리고 무엇보다
기분이 좋아요
빙글빙글 회전목마 탄 듯이
웃음이 자꾸 나와요

아이의 감정을 보는 눈

1963년에 나온 모리스 샌닥의 [괴물들이 사는 나라]라는 책은 60여 년이 지난 지금도 여전히 아이들에게 사랑받고 있다. 하지만 출간 당시 아이의 부정적인 감정을 소재로 삼았다며 무척이나 논란이 됐었다.

그전까지 아이들이 읽는 그림책은 교훈적이고 아름답고 순수한 마음을 심어주기 위한 것이어야 한다는 정서가 강했다. 그런데 이 책은 엄마에게 대들고 반항하는 아이를 주인공으로 그렸으니 당시에는 불온하다는 시선을 받았을 만하다.

그러나 아이들도 반항할 줄 안다. 부모가 강요하는 것은 하기 싫다고 고집을 부리면서 자기 멋대로 하고 싶고, 수시로 날아오는 어른들의 잔소리에는 귀를 막고 싶어 한다.

내가 담임을 했던 1학년 아이들을 대상으로 이 책 [괴물들이 사는 나라]를 읽고 '내 마음에 괴물이 나타났을 때'에 대해 이야기를 나눈 적이 있다. 아이들은 신이 나서 자신의 이야기를 쏟아 냈다. 그것들 가운데 10가지를 정리해본다.

1. 동생이 내가 열심히 만든 블록을 무너뜨렸는데 엄마가 제대로 알지도 못하면서 나만 혼낼 때 - 엄마가 정말 미웠다는 아이

2. 먹기 싫은 반찬을 억지로 먹으라고 입에 넣어줄 때 - '웩' 하고 뱉어버리고 싶었다는 아이

3. 공부를 많이 했는데 그것밖에 안 했다면서 놀이터에 못 나가게 했을 때 – 당장 집을 나가고 싶었다는 아이

4. 영어 학원에 다니기 싫은데 영어 학원 가서 테스트 받으라고 할 때 - 영어가 싫은 데 엄마가 자기 맘을 몰라줘서 눈물이 났다는 아이

5. 애완견을 키우고 싶은데 엄마가 절대 안 된다고, 우리 키우기도 힘들다고 말하면서, 엄마는 엄마 하고 싶은 대로 다 할 때 - 나중에 커서 엄마랑 안 살고, 혼자 살면서 강아지 키우고 싶다는 아이

6. 엄마와 아빠는 늦게까지 안 자면서 빨리 자라고 할 때 - 억울하다고 생각했다는 아이

7. 내가 받은 용돈을 엄마와 아빠가 그냥 말없이 가져갈 때 - 자신의 것이니 돌려달라고 우겼다는 아이

8. 엄마가 늦잠 자고 나를 늦게 깨웠으면서 학교 늦는다고 빨리하라고

할 때 – 그날 진짜 학교 가고 싶지 않았다는 아이

9. 엄마랑 아빠는 자주 싸우면서 나랑 언니랑 싸울 때 사이좋게 지내라고 말할 때 - 엄마랑 아빠도 사이좋게 지내라고 얘기해 주고 싶다는 아이

10. 운동하기 싫은데 살찐다고 운동해야 된다고 얘기하면서 엄마랑 아빠는 운동 안 할 때 - 살쪘다고 말하면 기분 나쁘다고 얘기해 주고 싶다는 아이

아이들 이야기는 대체로 분노, 억울함, 반항 등의 감정들이었다. 이렇듯 아이들의 마음속에 괴물 같은 부정적 감정이 생기는 건 정말 자연스러운 일이다.

여기서 중요한 것은 아이들이 그러한 감정에 매몰된 채로 지내지 않는 것이고, 그렇게 되지 않도록 어른들이 잘 들여다봐야 한다는 점이다. '그런 마음 가지면 못 써!' 혹은 '그런 말은 나쁜 말이야, 어디서 어른한테!'라고 말하는 것은 오히려 아이 마음속에 분노와 반발심이 생기게 할 수 있다. 무엇보다 아이들 마음속의 부정적 감정을 외면하거나 분출하지 못하도록 한다면 아이는 그 감정을 스스로 외면해버리는 자기부정의 상태에 놓일 수도 있다.

아이들에게는 자신의 감정을 솔직하게 들여다보고 그것을 올바르게 표현하도록 가르치는 게 중요하다. 부정적인 감정도 천천히 말하고 표현할 수 있도록 해야 한다. 나아가 그런 감정을 좋은

에너지로 전환할 수 있는 방법도 어른이 함께 찾아봐야 한다.

감정은 자연스러운 것이다. 나쁜 감정도 아이들에게 자연스럽게 생기는 것이다. 다만 아이가 부정적 감정을 갖게 됐을 때 솔직한 대화를 나누고, 그것을 올바르게 표현하고 좋은 방향으로 전환하도록 돕는 어른의 지혜가 중요하다. 저절로 생긴 감정을 외면하는 것은 아이들이 진짜 자아를 찾아가는 데 방해꾼이 되기 때문이다.

〈구겨진 학습지〉

국어 시간 국어 학습지
바르게 쓴 낱말을 찾으시오

(1) 닥장, 닥짱, 닭장
닥장에 동그라미
정답은 닭장
이상하다, 정말
닥장인데, 닭장은 아닌데

(2) 앞마당, 압마당
압마당에 동그라미

정답은 앞마당

아무리 읽어도 암마당인데

슬슬 화가 난다

(3) 머리수건, 머릿수건

머리에 수건, 머리수건에 동그라미

정답은 머릿수건

왜? 머릿은 뭐지?

세 문제 다 틀렸다.

이건 엉터리 학습지다!

구깃구깃 꾹꾹 뭉개서

책상 속에 집어넣어 버렸다

가슴이 두근두근

선생님께서 보시면 혼나겠지?

엄마가 보면 정말 화나시겠지?

그래도 지금은 내가 더 화났는걸!

집에 돌아와 잠자리에 누웠는데

구겨버린 학습지가 자꾸 생각난다

눈을 꽉 감아도, 머리를 흔들어봐도

자꾸만 생각이 난다

2

도전으로 성장하는
아이들

아이의 생각

아이들은 어른들에게 잘 보이길 원한다. 집에서는 부모님께 사랑받고 싶고, 학교에서는 선생님께 인정받고 싶다. 그러한 욕구는 공부를 더 열심히 하게 하기도 하고, 수업 시간에 선생님에게 더 집중하게 해주는 좋은 효과를 발휘한다.

나는 교실에서 착하고 바른 태도로 사랑을 듬뿍 받고자 노력하는 아이들을 많이 만난다. 그런 연유로, 이제 학교에 첫발을 들여놓은 순백의 1학년 아이들은 담임선생님의 말이 곧 절대 거스를 수 없는 규칙이 되기 쉽다.

수업 시간에 1학년 아이들에게 '어떤 학생이 되고 싶냐?'고 물은 적이 있다. 아이들이 저마다의 각오를 얘기하며 자신이 되고 싶은 학생의 모습을 얘기했다. 책을 잘 읽는 학생, 달리기를 잘하는 학생, 공부를 잘하는 학생, 친구들이 많은 학생 등 각자가 생각하는 멋진 모습을 말했다. 아이들의 얼굴은 다시 입학식 날로 돌아간 것처럼 설레어 보였다.

나는 그런 아이들에게 다시 질문했다.

"좋은 학생은 어떤 학생일까요?"

아이들은 잠시 침묵하더니 하나둘 손을 들었다. 한 아이는 꿈이 많은 학생이 좋은 학생이라고 말했다. 또 다른 아이는 남을 잘 도와주는 학생이 좋은 학생이라고 했다. 그 뒤로도 아이들은 학교에 잘 오는 학생, 편식을 잘 하지 않는 학생, 선생님 말씀을 잘 듣는 학생 등 많은 의견을 냈다.

나는 아이들의 발표를 칠판에 적었다. 그리고 아이들에게 스티커를 하나씩 나눠주고 자기가 생각하는 좋은 학생을 뽑도록 했다. 아이들은 신중한 태도로 스티커를 붙였다. 아이들이 선택한 '좋은 학생' 1위는 무엇이었을까? 바로 '선생님 말씀을 잘 듣는 학생'이었다. 나는 깜짝 놀랐다. 선생님 말씀을 잘 듣는 학생이 좋은 학생이라니, 내가 우리 반 아이들에게 그렇게 가르친 적이 없는데, 왜 그런 생각을 했을까? 나는 당황하는 기색을 감추고 아이들에게 물었다.

"왜 선생님 말씀을 잘 듣는 학생이 제일 좋은 학생일까요? 누가 말해 볼래요?"

"선생님 말씀을 잘 안 들으면 나쁜 학생이잖아요."

아이들은 이구동성으로 이렇게 말했다. 나는 그런 아이들에게 한 걸음 삐딱하게 나간 질문을 던졌다.

"그런데 선생님이 만약 나쁜 사람이면 어떡해요? 그래도 선생님 말씀을 잘 들어야 할까요?"

"에이, 무슨 선생님이 나빠요. 그런 선생님이 어딨어요!"

"좋아요. 그럼 선생님이 잘못된 생각을 하는 사람이면 어떡해요?"

"아니, 그런 선생님은 없잖아요!"

아이들은 선생님을 이렇게나 깊게 신뢰했다. 기분이 묘했다. 물론 기분 나쁠 일은 아니지만 그렇게 행복한 일도 아니었다. 아니, 뭔가 잘못되었다고 생각했다.

"얘들아, 만약 선생님이 뭘 잘못 아는 것도 있을 수 있고, 잘못된 생각을 가질 수도 있잖아요. 선생님도 사람이니까 실수할 수도 있고요. 그럼 그때도 선생님 말을 그대로 믿고 따를 거예요?"

아이들은 어리둥절해하면서 뭐라고 답하면 좋을지 망설이는 눈치였다.

"선생님도 잘못된 생각을 가질 수 있어요. 완벽한 사람은 세상에 없거든요. 만약 선생님이 나쁜 사람이 되면 여러분이 선생님을 가르쳐줘야 해요. 선생님이 뭘 잘못 알 때도 마찬가지지요. 그리고 서로 생각이 다를 수도 있잖아요. 누구나 생각은 다를 수 있는 것처럼요. 만약에 너희들과 선생님 생각이 다르면 너희들은 무조건 선생님 생각에 따를 거예요? 과연 그게 좋은 학생일까요?"

"그건 좋은 학생이 아닌 것 같아요."

"그래요. 아무리 선생님이라도 잘못된 게 있으면 알려줘야 해요. 무조건 선생님을 믿고 따르는 건 옳지 않아요. 여러분도 스스로 판단하고 좋은 생각을 할 수 있거든요. 그리고 생각이 다를 땐 선생님에게도 여러분의 생각을 얘기해줘야 해요. 그래야 더 좋은 생각이 만들어질 수도 있는 거니까요."

다소 어려운 이야기를 길게 해서 아이들이 머리 아파하지는 않을까 걱정이 됐지만, 나는 천천히, 진지하게 말했다. 내 진심을 알아챘는지 아이들은 그제야 고개를 끄덕였다.

그동안 우리는 알게 모르게 어른께 순종하는 것만이 미덕이라고 아이들을 가르쳐왔다. 흔히 어른에게 대드는 말대꾸하는 것은 예의 없는 나쁜 행동이라고 아이들에게 가르쳐왔다. 아이들의 생각을 차단하면서 어른의 생각을 강요해온 것이다.

어른들의 권위적인 생각에 복종하도록 학습 받은 아이들은 훗날 부도덕한 권위와 권력에 저항하지 못하고 쉽게 굴복하고 복종할 수 있다. 게다가 이런 복종의 관계가 아이들 사이에서 발생하면 일방적인 명령과 괴롭힘 같은 학교폭력으로 이어질 수도 있다.

어른의 생각을 강요하는 교육은 아이의 자존감 향상에도 문제를 일으킨다. 아이들이 자신보다 더 힘이 있고 인기 있는 친구의 말은 무조건 수용하고, 그와 다르거나 반대되는 자기 생각은 표현하지 못하게 된다면 그 아이의 자존감은 잘 발달하지 못한다.

"학교 가서 선생님 말씀 잘 듣고 와!"

아침에 아이와 헤어지면서 흔히 부모가 건네는 인사말이다. 이인사도 생각해볼 여지가 있다. 나는 부모님들께서 자녀에게 이렇게 말해주면 좋겠다.

"내가 옳다고 생각하는 것이 있다면 친구들과 선생님께 네 생각을 잘 말해봐. 그게 진짜 멋진 거야!"

〈말대꾸가 좋아〉

우리 반은 말대꾸를 잘해요

"자리에 앉아볼까?"

"왜 그래요?"

"오, 참 좋은 질문이야!"

말대꾸를 해도 선생님은 칭찬을 해요

"우리 이렇게 색칠해볼까?"

"왜 그래요? 색칠하기 어려운데."

"오, 좋은 질문이야. 그럼 어떻게 해볼까?"

또 말대꾸해도 선생님은 칭찬을 해요

말대꾸는 버릇없는 건데
정말 이상하네
말대꾸는 짜증나는 건데
너무 이상하네

"말대꾸가 아니라 자기 생각이에요.
자기 생각을 말하는 건 중요해요."
선생님은 말대꾸가 좋은 거래요
말대꾸가 자기 생각을 말하니까요
말대꾸를 많이 해도 된대요

그럼 내일부터 말대꾸해야지
무슨 말대꾸를 할까 생각해봐야지

시험 보기

요즘 초등학교 1학년 아이들은 단원평가나 일제 평가를 치르지 않는다. 1학년 교육과정은 전인적 성장을 위해 학습 성과나 결과 중심의 평가가 아니라, 학습의 과정을 중심으로 평가한다. 인지적인 발달과 성장뿐만 아니라 수업 태도와 흥미, 수업 참여도와 같은 수치로 측정할 수 없는 부분도 큰 비중으로 평가한다. 지금의 어른들이 흔히 생각하는 시험의 개념과는 많이 바뀌었다.

학생 시절, 시험 보는 날은 전교생이 모두 한날한시에 시험을 치렀다. 모든 반 시험지는 똑같았다. 정답만을 골라 써야 하고, 다른 사람이 못 보게 잘 가려야 했다. 남의 시험지를 보는 것도 나쁘지만 보여주는 것 또한 나쁘다고 배웠다. 그 시절엔 그것이 공정하고 정의롭다고 생각했다. 왜 그랬을까? 우리가 생각하는 시험은 줄 세우기 위한 것이었기 때문이다. 1등부터 꼴등까지 점수를 매겨서 실력을 가리는 게 중요했기 때문이다.

지금의 평가는 예전과는 무척 다르다. 개인의 성취도를 평가하고 개인의 흥미, 태도 등이 중요한 평가 요소로 자리 잡고 있다. 지금의 성취가 비록 빈약하더라도 더 하고자 노력하는 태도가 갖춰져 있고, 그것에 흥미와 관심이 높다면 나중에라도 잘할 수 있다는 예측, 즉 발전 가능성까지도 평가한다. 시험지 또한 반마다 모두 다르다. 거기다 협력과 협업을 통한 평가 방법 등 혼자만 치르는 평가가 아니라 친구와 함께 해결하는 평가 또한 실시하고 있다.

이런 평가 방법은 초등학교 1학년 아이들의 본성과도 참 닮았다. 아이들이 수학 활동지에 수학 문제를 풀 때 모습을 보면 그렇다. 아이들은 다른 친구가 볼 수 없도록 이리저리 가리면서 문제를 풀지 않는다. 모르면 다른 친구 것을 보고, 다른 친구가 자기 것을 보려 하면 기꺼이 보여준다. 옆 친구가 뭘 모르는지 물어봐서 친절히 알려주기도 한다. 또 자기가 생각한 답이 친구 것과 같은지 큰 소리로 확인하고 서로 비교한다. 그러다 '네 답이 옳으니, 내 답이 옳으니' 하는 토론까지 벌인다. 이런 모습은 누가 가르쳐주지 않았어도 자연스럽게 나타난다. 그 말은 곧 이게 아이들의 본성이라는 뜻이 아닐까. 난 이런 아이들이 참 좋다.

1학년 아이들이 가진 본성 중 내 마음에 드는 것은 또 있다. 아이들은 다른 친구보다 자기가 더 잘 안다고 뽐내지 않는다. 자기보다 공부를 못한다고 무시하고 깔보는 아이들을 나는 지금껏 만나지 못했다. 물론 간혹 잘난 체하는 아이들도 있지만, 공부나 운동 같은 분야에서가 아니라 '무얼 해봤다, 장난감이 뭐가 있다'와 같은 사소한 잘난 체가 대부분이다.

1학년 아이들의 또 다른 매력은 자기가 무엇을 잘 모른다고 하더라도 쉽게 주눅 들지 않는다는 점이다. 아이들은 자기가 모르는 것은 배우면 된다고 생각한다. 그러니 주변에 수학을 모르는 친구는 친절하게 가르쳐줘야 한다고 생각한다.

신규 교사 시절, 철저한 과거의 시험 형태에 익숙했던 나는 아이들이 수학 단원평가를 풀 때 절대 옆 사람에게 물어보지도 말고, 보려고 해도 안 되며, 보여줘도 안 된다고 강조했었다. 시험을 치르는 아이들을 감시와 의심의 눈초리로 지켜봤었다. 지금 생각하면 그까짓 게 뭐라고 그토록 정숙한 분위기에서 철저한 보안을 유지하며 시험을 보려고 했는지 한심하고 부끄럽다.

1학년 아이들은 수학 학습지를 하나 풀더라도 옆 친구에게 물어보고, 서로 알려준다. 옛날처럼 평가를 치르는 엄중한 분위기는 좀처럼 찾아볼 수 없다. 나는 아이들이 서로 문제를 해결하기 위해 주고받는 대화에 귀 기울인다. 감시하려는 게 아니다. 어떤 아이가 학습에 어떤 어려움을 겪고 있는지 파악하기 위해서다. 그렇게 해서 학습에 도움이 필요한 아이에게는 따로 숙제를 내주거나 보충 활동을 실시하고 있다.

우리 반 아이들의 평가 시간은 배움이 일어나는 시간이다. 함께 평가 문제를 해결하는 가운데 서로 가르쳐주고 배우는 아이들을 볼 때면 그보다 더 아름다운 장면이 떠오르지 않을 정도다. 역시 아이들의 세계는 경쟁보다는 협력이 어울린다.

하지만 한편으로는 두렵기도 하다. 이 아이들이 상급 학년으로 진학하고 각종 시험에 시달려갈수록 지금처럼 더불어 배우고 가르치는 아이들 본성이 파괴되고 경쟁과 이기심이 그 자리를 채우는 경우를 많이 봤기 때문이다. 좋은 성적, 좋은 대학만을 삶의 중요한 가치로 여기고 아이들을 경쟁시키고 줄 세우는 어른들의 이기적인 행동이 아이들의 본성을 해치는 것 같아 불안하고 씁쓸하다.

〈이상한 시험 보기〉

시험 규칙 1. 시험지를 가리지 않아도 돼요
시험지를 보여줘도 돼요
시험 규칙 2. 친구 것을 보려고 하지 않아도 돼요
친구 것을 봐도 돼요
시험 규칙 3. 정답을 찾지 않아도 돼요
정답이 아니어도 돼요

시험은 모르는 걸 알아가기 위한 거예요
부족한 걸 채우는 거예요

서로 함께 알아가면 더 좋지 않아요?
부족한 걸 함께 채우면 더 좋지 않아요?

이렇게 시험을 보면 모두 다 100점
이렇게 시험을 안 보면 모두 다 0점

지각

초등학교 등교 시간은 보통 아침 9시다. 9시나 9시 10분에 1교시 수업을 시작하기 때문에 아이들은 그 시간 전까지 교실에 들어와야 한다. 유치원이나 어린이집에는 학생생활기록부를 작성하지 않기 때문에 출석을 철저히 기록하지 않지만, 초등학교는 그렇지 않다. 그래서 1교시 수업이 지나서 학교에 들어오면 지각으로 처리되기 때문에 등교 시각을 지키는 것이 중요하다.

입학 초기에 아이들이 등교 시각에 늦지 않도록 일어나 준비하는 습관이 형성되어 있지 않으면 지각을 하는 경우가 종종 있다. 아침에 정해진 시각에는 일어나야 하고, 씻고 아침밥 먹고 양치질도 해야 한다. 이 일들이 모두 정해진 시간 안에 이뤄져야 하니 아이들이 처음 적응하기가 어려운 게 어쩌면 당연한지도 모른다.

매일 아침 9시가 되면 나는 의무적으로 아직 등교하지 않은 아이들이 있는지 출석을 확인한다. 늦은 아이들은 부모님에게 전화를 걸어 아이의 등교 상태를 신속하게 확인한다. 그런데 꼭 내가 전화를 들어 통화하려 할 때 교실로 들어오는 아이가 있었다. 그 아이는 교실 뒷문을 빼꼼히 열고 들어오면서 인사했다.

"안녕하세요, 선생님."

그러고는 아무렇지도 않은 표정으로 자기 자리로 터벅터벅 걸어갔다. 나는 아이가 무사히 학교에 왔다는 안도와 반가움에 기뻠이 가득 담긴 목소리로 말했다.

"반가워, 어서 와, 기다리고 있었어!"

하지만 아이는 내 마음을 아는지 모르는지 편안하고 태평한 얼굴로 다시 이렇게 말했다.

"선생님, 1교시 시작했죠? 공부하고 있었어요?"

녀석이 얄미웠다. 혹시나 등굣길에 무슨 일이 생긴 건 아닐까 마음 졸인 나는 안중에도 없는 게 섭섭했다. 하지만 무탈하게 등교한 것에 감사해서 나는 금방 얄미움도 섭섭함도 풀어졌다. 어찌 보면 지각했다는 부끄러움에 아이가 고개 숙이고 붉게 달아오른 얼굴로 교실에 들어오는 모습보다는 이런 당당한 모습이 훨씬 보기 좋다.

아이들이 지각하는 이유는 여러 가지가 있다. 아침밥을 늦게 먹었다거나, 아이가 늦잠을 잤다거나 혹은 엄마가 늦잠을 잤다거나, 준비물이 없어서 찾느라고 늦었다거나, 화장실에서 용변을 보고 오느라 늦었다거나 이유는 가지각색이었다.

내가 신규 교사 시절, 2학년을 담임할 때였는데 당시 지각하는 아이들이 쉽게 이해되지 않았다. 지각하는 아이들은 꼭 습관처럼 늦으면서 타당하지 않은 변명을 늘어놓는다고 생각했기 때문이다.

어떤 아이는 엄마가 늦잠을 자서 학교에 늦었다는 이야기를 한 적도 있었는데, 난 그 이야기가 믿기지 않았다. 그런데 정말 그 아이 어머님께서 밤새 일을 하고 새벽에 퇴근하시기에 아이가 종종 학교에 지각한다는 걸 알게 되자, 나는 오히려 아이에게 정말 미안했다.

한 선배 교사는 아이들의 지각 때문에 고민하는 나에게 이런 충고를 했다.

"일어나서 학교에 오는 것만도 용한 거야. 고마운 거야. 학교 안 오겠다고 하는 것보다 낫잖아. 그리고 아이들도 늦을 만한 사정이 있을 수도 있어. 좀 여유롭게 생각해."

나는 그 말에 깊이 감동했다.

아이들의 사정. 그랬다. 아이들도 각자의 사정이 있을 수 있다. 안 그래도 유치원보다 재미없는 학교에 와서 의자에 엉덩이를 4시간 동안 붙이고 있는 게 여간 힘들지 않을 아이들에게 내가 너무나 엄격한 잣대를 들이댄 건 아닌지 되돌아봤다. 내 조급함이 오히려 아이들을 다급하고 긴장하게 한 건 아닌지 반성했다.

아이들의 생활에도 그만큼 다양한 변수들이 있을 수 있다는 것, 등교 시간 안에 학교에 오느라 아이들도 애쓰고 있다는 것을 나는 알아야 했다. 교사는 아이들이 학교 오는 것에 고맙고 감사한 마음으로 맞아야 했다.

선배 교사의 충고로 인해 지금까지 나는 아이들이 무사히 학교에 오면 된다는 느긋한 마음을 갖고 있다. 지각하는 아이들에게, 혹시 아프거나 나쁜 일이 생겼던 것은 아닌지만 물을 뿐 더는 이유를 묻지 않고 있다.

아이가 지각할 때 애가 타기는 부모도 마찬가지다. 예전에 상담했던 한 어머님께서는 아이가 행동이 느린 데다가 아침 늦게까지 잠을 자려고 해서 고민이라 하셨다. 어머님께서는 당신의 자녀만 지각하는 건 아닌지, 아이가 왜 이렇게 게으른 건지, 이러다 약속을 잘 지키지 않는 아이로 커 가는 것은 아닐지 염려가 많으셨다.

나 또한 어머님의 이런 걱정이 이해된다. 그러나 그렇게 조바심낼 일은 아니라는 생각이다. 아이마다 기질이 다르고, 부모와 아이의 기질이 다를 수 있기 때문이다. 타고난 기질이 차분한 아이들에게 옆에서 재촉하며 서두른다고 해서 민첩한 기질로 바뀌기는 쉽지 않다. 오히려 부모와 자녀 사이만 틀어질 뿐이다. 그럴 때 아이의 수면 습관과 건강 상태를 점검해 보기를 권한다. 수면의 질이 떨어지거나 늦게까지 잠을 못 이루는 건 아닌지 살펴보고, 특별히 문제가 없다면 부모님과 아이가 조금 더 일찍부터 학교 갈 준비를 하는 것도 좋은 방법이다. 예를 들어, 평소 7시 30분에 기상해서 학교에 갈 준비를 했다면, 이제부터는 7시에 기상하는 걸로 변경해 보는 것이다. 그러기 위해서 전날 좀 더 빨리 잠자리에 들도록 하면 더 좋다.

느린 것은 나쁜 게 아니다. 불안에 쫓기며 재촉하는 부모를 보며 아이는 불안과 초조함만 늘 뿐이다. 그보다는 아이의 기질에 맞게 현명한 대안을 제시하는 어른들의 지혜가 필요하다.

〈지각〉

일어나라, 일어나! 지각이다, 지각이야!
학교에 늦었다며 엄마가 화가 났어요
우왕좌왕
허둥지둥

천천히 씹어라, 천천히! 체한다, 체해!
아침밥 먹다가 체할까 봐 엄마가 걱정해요
꼬옥꼭
냐암냠

서둘러라, 서둘러! 지각이다, 지각이야!
학교에 늦었다며 엄마는 화가 났어요
헐레벌떡
빨리빨리

걸어가라, 걸어가! 넘어질라, 넘어져!
학교에 가다가 넘어진다며 엄마가 걱정해요
살금살금
조심조심

지각할 때마다 엄마 마음은 이랬다저랬다

지각할 때마다 엄마 마음은 왔다갔다

정말 헷갈려요

질문 폭탄

초등학교 1학년 아이들이 배우는 교과서는 〈국어〉와 〈수학〉, 그리고 통합 교과서인 〈봄〉, 〈여름〉, 〈가을〉, 〈겨울〉 이렇게 6가지다. 예전 〈바른 생활〉, 〈즐거운 생활〉, 〈슬기로운 생활〉이었던 교과서 명칭이 바뀌었다. 〈봄〉이라는 교과서는 봄철에 배우고, 여름이 되어 가면서 〈여름〉 교과서를 배우는 식이다.

여름 방학을 앞둔 어느 날, 〈여름〉 교과서를 공부하던 시간이었다. 나는 아이들에게 그림책 〈갯벌이 좋아요〉를 읽어주려고 계획했다. 책을 읽으며 즐거운 여름 방학 동안에 가 보고 싶은 곳을 이야기 나눠야겠다고 생각했다. 아이들이 설레는 표정으로 즐겁게 방학 계획을 말하는 모습을 상상하니 나 또한 콧노래가 절로 났다. 책을 읽고 나서 아이들에게 할 질문거리도 미리 생각해서 수업지도안에 써놨다.

준비한 질문 1. "갯벌에 가 본 경험을 얘기해 볼까요? 혹시 사진이나 영상으로 본 것도 좋아요."

준비한 질문 2. "갯벌을 잘 지키기 위해 우리가 어떻게 하면 좋을까요?" (자연스럽게 생태교육으로 유도할 계획이었다)

준비한 질문 3. "다시 갯벌에 간다면 무엇을 하고 싶은가요?"

이렇게 세 가지 질문을 통해 갯벌에 대한 이해와 함께 생태교육도 할 생각이었다. 그리고 쉬는 시간을 갖고, 다음 시간에는 멋진 조개 모빌을 만들어 교실을 여름 분위기로 꾸밀 계획도 짰다. 차근차근 수업을 준비하면서 내 머릿속은 멋진 수업에 대한 기대로 행복했다.

그러나 다음 날 그림책 수업은 엉망이 되고 말았다. 1학년 아이들답게 갖가지 이야기를 계속하는 바람에 계획한 수업이 도중에 자꾸만 끊겨버렸기 때문이다.

그림책을 읽는 것까지는 참 재미있었다. 그때까지는 계획한 대로 수업이 잘 흘러갔다. 아이들은 책에 나오는 다양한 갯벌 생물의 세밀화를 보면서 호기심을 갖고 나의 이야기를 경청하면서 즐겁게 수업했다. 그렇게 책을 다 읽은 후에 나는 준비한 질문을 시작했다.

나의 첫 번째 질문,

"여러분, 갯벌에 가 본 경험을 얘기해 볼까요?"

내 말이 끝나기가 무섭게 여기저기에서 아이들이 서로 발표하겠다고 손을 들었다. 아이들의 적극적인 모습은 항상 교사에게 흥분과 설렘을 안겨준다. 손든 아이들의 모습이 정말 귀엽고 예뻤다.

아이들은 신나게 발표했다. 한 아이는 출발부터 장화를 챙기지 않아서 엄마 아빠가 부부 싸움을 한 얘기를 했다. 또 다른 아이는 차가 너무 막혀서 따가운 아스팔트 위에서 소변을 볼 수밖에 없었다는 얘기를 했다. 한 아이는 여행을 가는 길이 너무 멀어서 도착하니 물이 가득 차 갯벌 체험을 못했다는 안타까운 얘기를 했다. 거기에 덧붙여 발이 빠져서 나오려고 허우적대다가 갯벌에 얼굴을 처박은 얘기, 미끄덩거리는 갯벌에 들어가는 게 무서워서 혼자 텐트 앞에 있는데 모르는 아저씨가 말을 걸어서 더 무서웠다는 얘기 등 아이들은 갯벌에 가 본 추억을 하나하나 생생하게 기억하고 풀어놓았다.

이제 나는 갯벌에 대한 아이들의 경험담을 충분히 들었으니, 다음 질문으로 넘어가고 싶었다.

"자, 여러분, 우리가 갯벌을 잘 보존하기 위해 어떻게 하면 좋을까요?"

한 아이가 번쩍 손을 들었다.

"네, 서율이 말해보세요."

"선생님 우리 엄마 아빠도 여행 갔을 때 부부 싸움했어요."

불길한 징조였다. 다음 수업 진행을 위해서 얼른 두 번째 질문으로 넘어가야 했는데, 아이들 머릿속엔 여전히 부모님의 부부 싸움 생각이 자꾸 떠올랐나 보다. 나는 다시 화제를 돌렸다.

"아, 그렇군요. 자, 그럼 다른 친구가 갯벌을 잘 지킬 방법을 얘기해 볼까요?"

하지만 수업은 내 뜻과는 다르게 흘러갔다. 부부 싸움 얘기가 나오자, 또 다른 아이도 엄마 아빠가 외출할 때면 꼭 싸운다고 얘기했다. 그러자 다른 아이들도 이에 질세라 '우리 엄마 아빠도 그래!'라며 말을 이어간다.

"네, 어른들도 싸움은 할 수 있어요. 자, 다른 얘기해 볼게요."

나는 애타는 마음으로 수업의 흐름을 원위치시키고 싶었다.

"그런데 선생님 저도 밖에서 소변 눈 적 있어요."

이런! 이제는 소변 얘기! 역시나 다른 아이들은 '나도 싸봤다!', '어우, 더러워서 싫다', '남자는 한 번씩 싼다', '여름보다는 겨울이 밖에서 싸기에 더 나쁘다'라는 둥 수업은 산으로 가고 있었다.

계획한 수업을 제대로 할 수 없을 것만 같아 속상했다. 아이들의 소변 이야기는 끝날 기미를 보이지 않았다. 마침내 결단이 필요했다.

"그만, 그만!"

아이들이 뾰로통한 얼굴로 나를 바라봤다. 더 할 말이 많은데 내가 도중에 잘라서 야속했나 보다. 그래도 어쩔 수 없었다. 계획한 바가 있으니. 아무튼 나의 간절한 애원이 통했는지 아이들이 조용해졌다. 얼른 다음 순서로 넘어가고 싶었다.

그런데 그때 한 아이가 말했다.

"선생님, 그런데요, 저는 갯벌에 빠진 적이 있었어요."

힘이 쏙 빠졌다. 아이의 말에 나는 아무 대답도 할 수 없었다. 그러자 다른 아이들이 틈을 파고들어 꼬리에 꼬리를 무는 대화를 이어갔다. '혹시 코피는 났었냐?', '코에 흙이 들어갔냐?', '누가 꺼내 주었냐?', '낙지를 밟은 것은 아니냐?', '낙지가 아니라 문어 아니냐?'라며 아이들은 또다시 끝이 보이지 않는 이야기를 계속했다.

그렇게 몇 분이 흘렀고, 시계를 보니 곧 쉬는 시간을 알리는 종이 칠 것 같았다. 준비한 수업은 제대로 펼쳐보지도 못하고 강제 종료될 위기에 처했다. 순간, 갑자기 나는 웃음이 터져 나왔다. 허탈함도 있었지만, 아이들의 그런 모습이 한편으로는 무척 귀여워서 웃지 않을 수 없었다.

아이들의 생각은 고구마 줄기처럼 끝없이 이어진다. 그게 당연하고 자연스럽다. 그런데 나는 계획한 대로 수업을 하겠다고 욕심을 부리며 아이들의 생각을 가두려고 했다. 책을 읽는 시간만큼은 상상력과 창의력을 자극하기 위해 아이들이 자기 생각을 자유롭게 말하도록 허용적인 분위기를 조성하는 것이 중요한데, 그것을 잠시 잊고 있었다.

지금 와서 그 수업을 복기해 보니 나름 괜찮은 수업이었다. 비록 계획한 것은 절반도 펼치지 못한 수업이었지만, 아이들이 실컷 자신의 이야기를 펼칠 수 있었지 않은가. 물론 대학교 지도교수님께서 보시면 혀를 차실지도 모르지만, 이런 날도 아주 가끔은 괜찮지 않을까? 당시 반 아이들끼리 질문을 주고받던 얼굴들이 떠오른다. 당당하고 신이 났던 얼굴들. 그 생동감과 활기가 넘치던 얼굴들이 아직도 잊히지 않는다.

아이들은 생각의 가지가 끝없이 펼쳐진다. 꼬리에 꼬리를 무는 즐거운 대화. 아이들의 머릿속에는 커다란 AI가 있는 것 같다.

〈꼬꼬무 수업〉

어제 있었던 일로 문장을 만들어 볼까요?

어젯밤 수박을 먹었습니다.

나도 어젯밤에 수박을 먹었는데

수박에 씨가 많아서 싫어.

씨 없는 수박도 있어.

그건 우장춘 박사님이 만든 거야.

우리 아빠도 박사님이야.

박사님은 공부를 많이 해야 하는데…

공부 많이 하면 피곤하지.

우리 아빠는 회사원인데 맨날 피곤하다고 일요일에 잠만 자.

우리 아빠도 장사하니까 맨날 시간이 없대.

우리 엄마는 미용실 해서 시간이 없다고 하시는데…

미용실 하면 너 머리 이쁘게 잘 해주시겠네.

네일아트도 이쁘게 해.

지수는 수박 네일아트 했어.

여름이니까 수박이지.

그래, 지금까지 수박 먹은 일을 문장으로 만들었어.

이제 다시

어제 있었던 일로 문장을 만들어 볼까요?

아이들은 성장 중

최근 초등학교 1학년 교육과정에 한글 교육이 강화되었다. 연간 60시간을 국어 시간 등을 활용하여 한글 교육을 해야 한다. 내가 근무하는 학교는 1학년 1학기 초부터 자음자와 모음자부터 차근차근 제대로 배울 수 있도록 한글 교육 시간을 집중적으로 배치하여 교육과정을 운영하고 있다. 한글을 제대로 이해하고 읽고 쓸 수 있어야 수학과 같은 다른 교과 수업에 대한 이해력도 높아지기 때문이다.

나는 국어 교과서 외에 보조 자료로서 한글 교재를 추가하여 활용하고 있다. 읽기 교육 같은 경우에는 아이들이 관심 있고 좋아하는 것과 관련된 읽기 보충 자료를 자주 활용하는데, 예를 들면 학습 만화, 게임 캐릭터, 만화 영화, 과자 이름 등이다. 아이들이 함께 책을 읽을 때도 짝과 읽기, 다 같이 읽기, 읽고 싶은 친구와 번갈아 읽기 등 다양하게 책을 읽는 방법을 시도한다. 아이들이 글을 읽는데 즐거움과 관심을 가지도록 유도하기 위해서이다.

그럼에도 우리 반 아이들은 한글 읽기 수준에 편차가 크다. 어떤 아이는 긴 글도 술술 실감 나게 읽을 수 있지만, 어떤 아이는 '강낭콩'과 같은 낱말조차 능숙하게 읽지 못한다. 그러다 보니 같은 국어 시간 수업일지라도 잘 읽을 줄 아는 아이와 그렇지 못한 아이 각자에게 맞는 읽기 자료와 읽기 활동을 제시하는 경우가 종종 있다.

몇 해 전, 국어 수업 시간이었다. 받침이 있는 낱말이 들어 있는 문장을 소리 내어 읽는 수업이었다. 그날도 나는 아이들의 읽기 수준 차를 고려해서 수업 방법을 달리 진행했다. 잘 읽을 수 있는 아이들에게는 포켓몬 만화책의 일부분을 발췌하여 나눠주고 함께 소리 내어 읽어보도록 했다. 그보다 읽는 게 유창하지 못한 아이들은 나와 함께 교실 다른 쪽으로 이동하여 간단한 낱말 중심의 포켓몬 캐릭터 이름을 읽기로 했다.

아이들은 읽기 수준에 따른 두 종류의 읽기 자료를 들고 이동하여 각기 다른 그룹을 만들었다. 그런데 평소 포켓몬을 무척 좋아했던 한 아이는 캐릭터 이름 자료가 아닌 만화책 자료를 읽고 싶었나 보다. 아이는 캐릭터 이름을 몇 번 따라 읽다가 이내 입을 삐죽거리고, 급기야 울기 일보 직전이 되었다.

"현우야, 무슨 일이니?"

"…"

"울지 말고, 우선 말을 해봐, 선생님이 들어볼게."

"나도 만화책 읽고 싶어요."

"아, 만화책. 그럼 캐릭터 이름 세 번씩 더 읽고 만화책 읽으면 어때?"

"이거 잘 못 읽는데, 그럼 만화책을 언제 다 읽어요? 시간이 다 지날 거예요."

맞는 말이었다. 현우는 캐릭터 이름의 3, 4음절도 자연스럽게 읽지 못하니 이걸 연습하고 만화책을 소리 내어 읽는 것은 무리였다. 그런데도 캐릭터 이름 읽는 건 재미가 없어서 더 읽기는 싫은 눈치였다. 현우는 이러지도 저러지도 못하는 자신의 상황이 속상했다.

"어쩌면 좋을까?"

"만화책은 그러면 집에 가서 읽으라고 주면 어때요?"

다른 아이에게 무슨 일이 생기면 부리나케 달려와서 해결사 역할을 해주는 아이가 좋은 아이디어를 냈다.

"그게 좋겠다! 어때, 현우야, 그렇게 할까? 선생님이 만화책을 복사해서 줄 테니, 캐릭터 이름 읽기 연습은 학교에서 하고, 만화책 읽기는 집에 가서 읽는 거야. 오케이?"

"네, 좋아요!"

현우는 눈물을 쓱 닦으며 말했다. 목소리에는 집에 가면 만화책을 줄줄 잘 읽으리라는 다짐이 가득 담겨 있었다.

"우리 현우 집에 가서 즐겁게 읽도록 선생님이 잘 복사해서 줄게."

내 말에 만족한 현우는 아이들과 함께 캐릭터 이름을 힘차게 소리 내어 읽어 내려갔다.

"선생님, 저도 만화책 집에서 읽을래요."

"저도 주세요."

"오, 그래? 이렇게 열심히 읽으려고 하는 걸 보니 우리 반 친구들 읽기 실력이 금방 쑥쑥 늘겠다. 좋아, 선생님이 원하는 사람에게 다 복사해서 나눠줄게."

역시 아이들에게 포켓몬은 인기다. 덕분에 포켓몬 만화책을 활용한 읽기 자료 또한 인기였다. 학습의 효과 또한 탁월했다. 낱말을 겨우 읽던 몇몇 아이들이 다음 날 선생님과 다른 아이들이 보는 앞에서 만화책 복사본을 좔좔 읽어가는 게 아닌가. 집에서 얼마나 많이 반복해서 연습했을지 짐작이 됐다. 포켓몬에 대한 흥미가 글 읽기에 대한 연습량을 늘리고, 나아가 읽기 능력을 향상

시킬 수 있음을 확인한 순간이었다.

동시에 내가 실수했음을 확인한 순간이기도 했다. 아이들의 읽기 자료를 선정할 때 읽기 수준에 따른 개인차를 고려하는 것도 중요했지만 먼저 아이들의 마음을 더 많이 고려해야 했었다. 한글을 잘 읽지 못하는 아이들이 봤을 땐 자신이 받은 읽기 자료보다 다른 아이들이 받은 자료가 더 재밌어 보였다. 그러니 안 그래도 한글 읽기가 어려운 아이들은 불만이 생겼을 수밖에 없다.

1학년 아이들은 자신이 무얼 잘하고 못하는지가 그다지 중요하지 않다. 좋아하는 마음에는 차별이나 구분이 없어야 한다. 내 수업에서처럼 한글을 잘 읽지 못한다고 다른 아이들보다 덜 재밌는 걸 주면 아이들은 불공평하다고 느끼고 배움에 대한 의지도 떨어질 수 있다. 능력에 따른 차이로 마음마저도 차별받아서는 안 된다. 오히려 아이들의 마음을 알아주고 수용해주면 학습이나 생활 태도는 더욱 좋아질 수 있다.

아이들의 성장은 애벌레에서 어느 순간 날개를 펼치며 훨훨 날아가는 나비와 닮았다. 그만큼 우리 아이들에게는 잠재력이 무궁무진하다. 교사와 학부모 모두 이걸 명심해야 한다. 그 잠재력을 키워낼 수 있는 것은 아이의 마음을 알아주는 데서 출발한다.

〈우리는 초보〉

아기새가 엄마 새 따라

나는 법을 배운다고

포닥포닥 후드드득

다시 땅으로 떨어져도

한 번 더 휘익 포드드득

아기병아리가 어미 닭 따라

걷는 법을 배운다고

미끌미끌 미끄르르

한두 걸음 걷다 다시 꼬꾸라져도

한 번 더 비틀비틀 미끄르르

나는 초등학교 1학년

딱지 접기 못해도

요리조리 이리저리

접었다 폈다

색종이가 구겨지고 찢어져도

다시 또 접기

한 번 더 접어보기

아기새도

아기병아리도

나도

아직은 초보들

다음엔 고수가 될

지금만 초보들

공부에 대한 올바른 생각

우리 반 아이들과 공부를 하면서 좀 어렵거나 시간이 걸리는 활동을 할 때가 있다. 그럴 때마다 내가 아이들에게 하는 말이 있었다.

"이걸 하다 보면 머리가 아주 좋아진단다!"

내가 만났던 아이들 대부분은 머리가 좋아진다는 말에 솔깃해 한다. 아이들은 머리가 좋아져서 공부를 잘하는 학생이 되고 싶어 한다. 그걸 원하지 않는 아이는 지금껏 본 적이 없다.

수학 시간이었다. 그날 수업은 수학을 깊게 사고하고 탐구하여 문제를 해결해 나가는 활동이었다. 수학 교과는 각 단원의 마무리 단계에서 사고력을 창의적으로 확장할 수 있는 문제를 많이 다룬다. 폭넓고 유연한 사고를 요구하는 활동이다 보니 아이들이 좀 어려움을 느끼는 부분이기도 하다. 그래서 이 부분 공부가 재미없다는 아이들이 많다.

"음, 이건 좀 까다롭지만, 우리가 조금만 생각해보면 할 수 있겠는데요? 이 문제를 해결하면 우리 머리가 아주 좋아질 것 같아요."

나는 머리가 좋아진다는 말로 아이들이 문제에 대한 흥미를 잃지 않도록 열심히 동기유발을 했다. 덕분에 아이들은 문제를 잘 해결해보겠다고 의지를 불태웠다. 그런데 갑자기 이런 생각이 들었다.

'왜 머리가 좋아진다고 하면 아이들은 이렇게 눈을 반짝이지?'

궁금한 마음에 아이들에게 바로 물어봤다.

"여러분, 머리가 좋으면 왜 좋아요?"

"1등 하려고요."

"좋은 대학에 가려고요."

1학년이 벌써 1등에 대학교라니! 조금은 놀라웠다.

"군대 안 가고 영어 잘하는 데 가려고요."

더 놀라운 답변이었다. 1학년임에도 벌써 군대 걱정을 하고 있었다.

"나중에 똑똑해져서 책도 쓰고 싶어서요."

책을 좋아하는 아이는 작가가 되고 싶어서 똑똑해지고 싶다고 한다.

"전교 1등 하고 싶어서요."

"전교 1등은 왜 하고 싶어?"

"회장 하고 싶어서요. 학교에서 회장 하는 거요."

이 아이는 학교 회장이 뭐가 좋은지는 모르지만, 회장을 해보고 싶단다.

"부자 될 수 있으니까요."

역시 어릴 적 나처럼 공부 잘해야 부자 된다는 말을 아이들도 많이 들어왔나 보다.

"영어 시험 잘 봐서 금상 받고 싶어서요."

영어 학원 다니는 게 재밌다는 아이는 학원 영어 시험을 정말 잘 보고 싶다고 덧붙였다.

아이들의 이야기를 들으며 나는 또 궁금증이 생겼다.

"여러분은 왜 공부를 잘하고 싶어요?"

"공부 못하면 엄마한테 혼나니까요."

동생이 공부할 때 못한다고 엄마한테 혼나는 걸 봤다는 아이는 엄마한테 혼나지 않기 위해서 공부를 잘해야 한다고 말했다.

"그럼 공부 못 하면 어떻게 될 것 같은데요?"

아이들의 답변은 몇 초의 망설임도 없이 쏟아져나왔다.

"꿈이 없는 사람이 돼요."

"인생이 망해요."

"바보가 돼요."

"그런데 공부를 못한다고 꿈이 없진 않을 것 같은데요?"

아이들의 대답을 들으며 나는 많이 안타까웠다. 아직은 어린 1학년 아이들이 공부를 못 하면 꿈도 이룰 수 없다고 생각하는 것 같아 속상했다. 아이들이 행여나 공부를 못한다고 꿈마저 놓아버릴까 봐 걱정됐다. 그래서 아이들에게 학교 공부를 잘하는 것과 꿈을 이루는 것은 그렇게 꼭 연관된 것만은 아니라는 걸 알려주고 싶었다.

"여러분, 학교에서 공부 못해도 꿈을 이룰 수 있어요."

"공부 못 하면 나중에 거지가 되잖아요."

한 아이가 이렇게 말하자, 다른 아이가 그 말이 틀렸다는 듯 큰 소리로 말했다.

"아니야, 거지는 안 돼."

그러자 또 다른 아이가 말했다.

"아니야, 공부 잘해야 돈 많이 벌 수 있잖아."

"공부를 잘한다고 돈 많이 버는 건 아냐."

"그래? 뭐든지 열심히 하면 돈 많이 벌 것 같은데."

순식간에 아이들 사이에 한바탕 논쟁이 벌어졌다. 그 속에서 나는 아이들의 생각에는 주변 어른들의 사고방식이 그대로 드러나고 있음을 알 수 있었다. 아이들은 학교 공부를 잘 못해도 열심히 살면 돈을 많이 벌 수 있다는 쪽으로 의견을 모아가고 있었다. 역시 아이들의 이야기는 감동적이었다. 기특하고 대견했다.

하지만 무언가 아쉬웠다. 공부해서 돈 많이 벌고 싶다는 말도 좋고, 뭐든 열심히 하면 돈을 잘 벌 수 있다는 말도 좋았지만, 아이들이 공부의 참된 가치는 아직 모르는 것 같았기 때문이다. 1학년이니 당연히 잘 모를 수 있지만, 이번 기회에 참된 공부의 가치를 알려주고 싶었다.

"선생님이 보니까 세상에는 국어나 수학 공부를 못해도 돈을 잘 버는 사람이 있어요. 또 학교 공부를 못했어도 지금은 유명해진 사람도 많아요. 세상에는 학교에서 배우는 것과는 다른 공부 종류가 많아요. 국어나 수학보다는 장사를 잘하기 위한 공부나 운동을 잘하기 위한 공부도 있지요. 공부는 학교에서 하는 공부만 있는 게 아니에요. 그런데 중요한 건 무슨 공부를 하든지 계속하는 거예요. 선생님도 공부를 계속하고 있어요. 어떻게 하면 여러분을 잘 가르칠까 공부하고 있지요. 또 작가가 되고 싶어서 작가가 되는 공부도 하고 있어요. 사람은 공부를 계속하는 것 같아요. 신기하게도 공부는 하다 보면 재밌는 면이 있거든요. 그게 진짜 공부예요. 그런데 만약 여러분이 공부 못하면 어떡할 거예요?"

"그래도 열공할 거예요."

"처음으로 다시 돌아가서 열심히 할 거예요."

"다시 고치고 열심히 시작할 거예요."

"천천히 해도 되니까 열심히 할 거예요."

"다시 공부할 거예요."

아이들의 대답은 하나같이 놀라웠다. 아이들은 공부를 못해도 열심히 노력하겠다, 계속 공부할 것이다. 잘못된 것은 고쳐서 다시 잘 해볼 거라는 등 포기하지 않고 노력할 거라는 감동적인 말을 했다. 나는 가슴 속이 뜨거워졌다.

"여러분 생각이 정말 훌륭하군요. 여러분 이야기에 선생님은 정말 감동했어요. 그럼 여러분은 앞으로 어떤 마음으로 공부하면 좋을까요?"

아이들은 잠시 침묵했다. 이윽고 한 아이가 말했다.

"공부를 못해도 계속하는 마음이요."

"맞아요, 포기하지 않는 거요. 그게 중요하다고 했어요, 아빠가요."

"공부를 못해도 나중에 잘하면 뿌듯하잖아요. 그런 마음을 갖고 공부하면 좋을 것 같아요."

나는 또다시 가슴이 뭉클해졌다.

"그래, 맞아요, 무언가를 배우고 공부하다 보면 언젠가는 조금씩 잘 할 수 있게 돼요. 자전거 배우기나 인라인스케이트 배우는 것처럼. 재밌으니까 공부를 하는 거예요. 선생님은 여러분이 그런 마음으로 공부하면 좋겠어요."

항상 그랬던 것처럼 아이들은 또 이렇게 얘길 주고받는 과정 속에 스스로 답을 찾았다. 아이들과 대화하다 보면 교사인 나는 그저 해결로 가는 길에 도우미나 길잡이 정도가 아닐까 생각한다. 공부의 참된 가치를 깨달을 수 있도록 천천히 같이 걸어가 주는 안내자.

아이들이 꿈을 찾아 공부하는 것도 좋고, 부자가 되거나 좋은 대학에 진학하기 위해 공부하는 것도 좋다. 그러나 공부 자체가 재미있고, 배우는 것 자체가 즐거운 것이라는 걸 알아가는 공부를 했으면 좋겠다. 그래야 공부의 결과나 성취가 어떻든 즐거웠으니 후회가 없을 게 아닌가. 아이들은 비록 성취가 미약하더라도 천천히 해도 된다는 여유로운 마음으로 바라봐주기를 바란다.

아이들은 공부 잘한다고 칭찬받고 싶어 한다. 아니, 무언가를 잘한다고 인정받고 싶어 한다. 어른들은 이런 아이들의 마음을 알아줘야 한다. 학교에서 시험을 잘 못봤다고, 왜 그렇게 공부 안 하고 게임만 하고 노느냐고 아이를 타박하지 않았으면 좋겠다.

공부에 대한 압박은 높은 학업 성취와 좋은 대학을 목표로 하는 건 아닌지 오히려 어른들이 스스로 질문해야 한다. 많은 어른들이 우리 아이들에게 공부의 가치와 배움의 즐거움을 일깨워주고, 잘하고자 하는 아이들의 마음을 더 응원해주면 좋겠다.

수업이 끝난 후, 두 아이가 나에게 와서 말했다.

"선생님, 있잖아요. 공부를 못해도 언제나 기쁜 일은 생기니까 괜찮아요!"

"맞아요, 선생님. 공부를 못해도 결혼해서 아이를 낳으면 기쁜

잖아요."

  아이들로부터 하나 더 배웠다. 그렇다! 기쁜 일은 언제나 있다.
아이들이 있는 곳에는 언제나 기쁜 일, 배울 일이 있다.

  〈공부는 자전거 타기〉

  공부는 자전거 타기

  옆으로 넘어지고 무릎이 깨져도
  천천히 다시
  재미있으니까

  고랑에 빠져서 흙탕물을 뒤집어써도
  천천히 다시
  재미있으니까

  돌부리에 걸려 휘이익 꼬꾸라져도
  천천히 다시
  재미있으니까

  기우뚱기우뚱 비틀비틀 나아가도

천천히 다시

재미있으니까

공부는 자전거 타기

3
어른의 시선을
따라가는 아이들

    하루가 다르게 성장해가는 아이들이지만 아직 소화기관이 어른에 비해 약하다. 그러니 배탈이 나거나 장염에 걸릴 때, 또는 열이 나거나 감기에 걸렸을 때 곧잘 구토 증상을 보인다. 게다가 어른들은 구토 증상을 느끼면 바로 화장실로 뛰어가 곤란한 상황을 피할 수 있지만, 아이들은 그런 상황에 재빠르게 대처하기 힘들다. 지금까지 내가 담임을 맡은 1학년 아이들은 구토를 화장실에 가서 한 아이가 한 명도 없었다.

    무엇보다 아이들은 구토 증상에 대한 대처 방법을 잘 모른다. 아이들은 자신도 어찌지 못하는 상황 속에서 구토를 한다. 아이들도 속이 메스껍고 무언가 목구멍을 넘어올 것 같은 느낌이 오는데, 그 상황에서 화장실로 뛰어가서 처리해야 한다는 판단을 빠르게 하지 못하는 것이다.

6월 말, 사회적으로 장염이 유행하는 시기였다. 아이들은 면역력이 강하지 못하고, 소화기관도 약하기 때문에 곧잘 장염에 걸린다. 특히 여름이 시작될 무렵이면 늘 장염이 아이들을 학교에서 곤란하게 만든다.

올해도 역시나 아이들에게 장염이 찾아왔다. 아침에 1교시 수업을 시작하고 한참 교과서 글을 함께 읽어가는 중인데, 한 아이가 구토를 했다.

"선생님, 시후 토해요!"

"어, 뭐?"

나는 깜짝 놀랐다. 얼른 화장지를 잔뜩 뽑아서 아이 자리로 재빠르게 가봤다. 코로나19로 인해 마스크를 모두 쓰고 있는 상황인지라 아이는 마스크를 쓴 채로 구토를 하고 있었다. 하지만 마스크가 아이용의 작은 크기이다 보니 토사물이 마스크 밖으로 이미 흘러넘쳤다. 아이는 그 와중에도 마스크를 벗으면 안 된다고 생각했는지 마스크를 꾹 누르고 있었다. 그 모습을 보니 아이가 무척 안쓰러웠다.

"시후야, 걱정하지 마. 마스크 너무 꽉 누르지 않아도 돼. 지금 화장실로 선생님이랑 같이 가자."

나는 화장지를 둘로 나눠서 한 뭉치는 아이 얼굴에 대주고 마스크를 살짝 벗겼고, 나머지 뭉치로 책상을 가려줬다. 더 토할 수도 있으니 얼른 아이를 화장실로 옮기는 게 급선무였다.

그때 아이 주변에 앉은 한 아이가 불쾌감을 표현했다.

"으으으, 웩!"

평소 같으면 그 아이의 소리가 다른 아이들의 말소리나 다른 소음에 가려져 들리지 않았을 텐데, 상황이 상황인지라 정적이 흐르던 교실에서 아이의 '웩' 소리는 무척 크게 들렸다.

마음이 급해졌다. 뭔가 지금 이 상황을 잘 수습하지 않으면 가뜩이나 몸이 아픈 아이가 마음까지도 심하게 다칠 것이 분명했다. 여기에 다른 아이들도 불쾌한 마음을 같이 표현하지는 않을까 걱정이 됐다. 아이들 사이에 부정적인 마음이 태풍이 되어 교실을 휩쓸어버릴까 봐 조바심이 났다.

"시후야, 괜찮아, 당황하지 마. 구토는 누구나 할 수 있어. 선생님도 정말 배탈이 잘 났는데, 그래서 선생님도 1학년 때 네 번이나 학교에서 토했어. 이건 진짜 비밀인데, 시후에게 얘기해주는 거야."

나는 시후를 진정시키고 아이들을 바라보며 말했다.

"얘들아, 너희들도 구토해본 적 있지?"

나는 구토하는 아이에게 쏠리는 시선을 다른 곳으로 돌리기 위해, 그리고 구토하는 아이를 이해하는 마음을 갖길 바라면서 아이들 전체에게 질문을 했다. 아이들은 저마다의 경험을 이야기했다. 마치 두더지 게임기 속에서 두더지가 여기저기서 튀어나오는 것처럼 아이들은 각자의 구토 경험을 다소 상기된 표정으로 열심히 쏟아내기 시작했다. 아이들의 이야기를 뒤로 하고, 나는 시후를 화장실로 데리고 갔다.

"화장실 변기에 마저 토하고 싶으면 토해도 돼."

당황스러움과 수치심 때문인지, 아니면 구토의 고통 때문인지 아이는 울 듯한 얼굴로 고개를 끄덕였다.

"아까 선생님 말 들었지? 누구나 토할 수 있어. 이건 누구한테나 일어날 수 있는 일이야. 그러니까 너무 걱정하지 마. 곧 괜찮아질 거야."

시후의 작은 두 눈에서 구슬만큼 커다란 눈물이 떨어졌다.

"얼굴 씻고, 교실로 다시 올 수 있겠어? 마스크 바꿔 쓰고 보건실 가서 선생님께 구토했다고 말씀드리고 올래? 선생님은 네 책상 정리하고 있을게."

시후는 흐르는 눈물을 닦으며 보건실로 갔다. 나는 서둘러 교실로 발걸음을 옮겼다. 토사물로 인한 역한 냄새를 주변 아이들이 오래 기억하지 못하도록 얼른 치우고 싶었다.

내가 교실로 들어서자 소란스럽던 교실이 순간 조용해졌다. 아이들은 갑작스런 사건에 모두 긴장하고 있었다. 토한 아이도 그렇지만 다른 아이들에게도 위로의 시간이 필요했다. 소독용 물티슈로 아이가 구토한 흔적을 잘 정리하고, 다시 교실 앞으로 돌아왔다.

"여러분, 많이 놀랐죠?"

"네, 선생님."

나는 아이들 마음을 생각해 봤다. 무엇보다 놀랐을 것이고, 불편한 마음 가운데 어쩌면 아픈 친구를 걱정하는 마음도 있을 것이다. 난 솔직하게 아이들에게 물었다.

"토한다는 건 냄새도 안 좋고, 보기 흉했죠?"

아이들은 살짝 서로의 눈치를 살폈다. 고개를 끄덕이는 아이도 있었고, '아니요!'라며 고개를 젓는 아이도 있었다.

"여러분 마음 이해해요. 그런데 우린 누구나 아플 수 있죠? 오늘 시후도 아팠던 거예요. 배가 아프면 누구나 토할 수 있어요. 토하는 건 잘못이 아니에요. 위로받을 일이지요. 아픈 사람을 탓하는 건 정말 고약하고 못된 마음이에요. 우리도 시후처럼 아팠던 경험이 있고, 앞으로도 그렇게 아플 수 있잖아요."

"맞아요. 저도 지난번에 집에서 일요일 내내 토하고 설사했어요. 그래서 놀지도 못하고, 밥도 안 먹고 누워만 있었어요."

"그랬군요. 시후도 그럴지도 모르겠어요. 우리가 아픈 친구를 보면 어떻게 해주면 좋을까요?"

"위로해 줘야죠, 당연히!"

"저는 보건실도 같이 가 줄 거예요."

"그래요. 좋아요."

그 사이 보건실에 갔던 시후가 교실로 돌아왔다. 나는 조금 전에 준비해뒀던 마스크를 얼른 아이 얼굴에 씌워주었다. 평소 야무진 시후는 얼굴을 씻고 왔는지 깔끔해져 있었다. 아이가 얼굴을 씻으며 조금은 진정한 것 같아 보여서 다행이었다.

"시후야, 좀 괜찮아?"

한 아이가 걱정하며 물었다. '괜찮아'라는 말은 왜 그렇게 눈물을 달고 다니는지 시후는 친구 말을 듣고 눈물을 또 훔쳤다. 다른 아이들도 걱정 가득한 얼굴로 한 마디씩 물었다.

"괜찮아? 근데 나도 토한 적 많아."

"그래, 나도 그랬어. 유치원에서."

많은 아이들이 시후를 따뜻하게 위로해줬다.

"보건실 가면 좋아질 거야."

"많이 아팠나 봐."

아이들의 따뜻한 위로가 듬뿍 담긴 말은 듣기 좋았다. 시후의 표정을 봤다. 눈물을 쏟아내서인지, 친구들의 위로를 받아서인지 얼굴이 한결 편안해 보였다.

"친구들이 널 많이 걱정하더라, 시후야."

내 손을 잡고 자리로 돌아가 앉는 시후 얼굴에서 살짝 미소가 비쳤다. 이제 정말 안심이 됐다.

사람의 시선에는 온도가 있다. 그래서 한 번의 시선으로 사람의 마음에 차가운 상처를 낼 수도 있고, 반대로 따뜻하게 위로할 수도 있다. 아이들의 시선도 마찬가지다. 그런데 어른들과 다른 건 아이들의 시선은 주변 사람들의 시선을 잘 받아들인다는 것이다. 그래서 어른들이 아이들 앞에서 어떤 시선을 갖는지가 정말 중요하다.

무엇보다 아이들에게는 따뜻한 시선을 주어야 한다. 아이들이 아픈 사람, 힘든 사람을 위로할 수 있는 시선을 가질 수 있도록 어른들은 부단히 도와야 한다.

우리 반 아이들의 시선도 그랬다. 구토에 불편하고 부정적인 감정을 갖게 될 수 있는 아이들의 시선을 내가 공감과 이해라는 시선으로 방향을 돌렸더니, 금세 아이들의 마음에 위로의 말들이 가득해졌다. 이처럼 중요한 건 주변 어른들의 끊임없는 노력이다. 아이들이 좋은 시선으로 다른 사람을 바라보고 공감하고 이해할 수 있도록 올바른 방향을 안내해줄 어른들의 관심과 애정이 필요하다.

아이들은 주변의 영향을 쉽게 받는다. 아이들은 어른들이 주는 렌즈를 통해 세상을 바라본다. 어른들이 타인을 공감하고 이해하는 시선으로 세상을 바라보면 아이들도 그와 같은 렌즈를 끼고 세상을 본다. 그리고 아이들은 자연스럽게 세상을 향해 위로와 격려를 건넨다.

〈고개를 돌려보렴〉

아이야

세상은 둥글단다

아래도 보고, 위도 보고, 앞도 보고, 옆도 보렴

발밑만 보고 가다

발밑만 보고 살까 무섭구나

아이야

사람은 우주란다

환한 곳도 보고, 어두운 곳도 보고, 슬픈 곳도 보고, 즐거운 곳도

봐주렴

보고 싶은 사람만 보고 가다

너의 별에만 갇힐까 봐 무섭구나

아이야

세상을 볼 땐 고개를 돌려보렴

가까이, 멀리, 낮게, 높게

아이야

사람을 볼 땐 고개를 돌려보렴

내게서, 너에게서, 또 다른 사람에게서

좋은 거절

나의 형제자매는 2명이지만 내 배우자는 5명, 이렇게 집집마다 형제자매의 수가 많았다. 내가 어린 시절에 주변에는 외둥이가 흔하지 않아서 귀하고 특별한 시선으로 봤다.

내가 처음 만난 외둥인 친구는 고등학교 같은 반 아이였다. 안타깝게도 나는 그 친구를 통해 외둥이는 이기적이고 까탈스러운 면이 많다는 오해와 편견을 갖게 되었다. 그러나 사회생활을 하고, 교사로서 외둥인 아이들을 자주 보게 되면서 그런 편견은 사라졌다.

우리 반에 외둥이가 많은데, 그중 한 아이는 배려심이 많고, 다른 친구들에게 나쁜 말이나 기분이 상할 만한 말은 한 번도 하지 않았다. 곱고 하얀 피부에 재능이 참 많은 아이였다. 그리기와 만들기는 물론 다른 아이들보다도 운동 신경이 발달해서 공 던지기, 공차기를 잘해서 친구들에게 인기도 좋았다. 거기에 리더십도 갖추고 있어서 팀 게임을 한다거나 수업 시간에 주어진 활동을 해야 하는 상황에서도 주도적으로 친구들을 이끌면서 모범적인 활동을 보여주었다.

그런데 그 아이의 한 가지 단점은 친구들의 요구를 잘 거절하지 못하는 것이었다. 언뜻 생각하면, 그건 아주 좋은 거 아니냐고 할 수 있을지 모르지만, 이 아이의 경우는 좀 지나쳤다.

국어 시간이었다. 글씨를 바르게 쓰기 위해 반 아이들 모두 8칸 공책에 열심히 글씨를 쓰고 있었다. 그런데 그 아이를 보니 옆짝꿍을 도와주느라 자기 것은 거의 못 하고 있었다. 평소 남을 잘 도와주는 아이니까 그렇겠지 하는 생각으로 나는 웃으며 아이에게 말했다.

"소라야, 홍석이 잘 도와주는 것도 좋은데, 너도 이제 바른 글씨 쓰기 해야지."

"네, 그런데 홍석이가 도와달라고 해서요."

"그랬구나. 홍석아, 소라도 써야 하니까 지금부터는 너도 혼자 쓰도록 노력해 봐."

"네."

그렇게 수업 시간은 흘러갔고, 여전히 소라는 짝꿍의 부탁을 거절하지 못하고 들어주느라 정작 자기 공책은 거의 비워 놓았다.

"자, 다 쓴 친구들은 선생님께 가져와서 보여주세요."

나는 아이들 공책을 확인하기 위해 반 아이들을 줄 세웠다. 그리고 아이들 한 명 한 명의 공책을 확인했다. 그런데 어디선가 훌쩍훌쩍 우는 소리가 들렸다. 소라였다.

"소라야, 왜 울어? 무슨 일 있어?"

소라는 눈물을 훔치며 글씨를 계속 쓰고 있었다. 내 물음에는 고개를 저으며 아무 말을 하지 않았다.

나는 소라에게 다가갔다. 소라의 공책은 커다란 눈물 자국으로 얼룩져 있었다. 소라는 눈물 자국 위에 글씨를 쓰고 있었고, 그 바람에 공책은 군데군데 찢어지기까지 했다.

"언제부터 운 거니? 어떤 일이 그렇게 속상했나 본데, 선생님에게 얘기해 줄래?"

소라는 연필을 놓고 나를 바라보더니 더 크게 울었다.

"소라야, 여기서 얘기하기 힘들면 선생님하고 다른 곳 가서 얘기할까?"

나는 아이의 어깨를 감싸고 조심스럽게 말을 건넸다.

"얘들아, 미안! 선생님이 잠깐 나가서 소라를 위로해주고 올게. 너희들은 교실 안에서 기다려줘."

"네, 선생님이 잘 달래주고 오세요."

반 아이들을 잠시 두고, 나는 소라를 데리고 교실 밖으로 나왔다.

"소라야, 어디가 얘기하기 좋을까?"

"수돗가 쪽이요."

소라는 밖으로 나온 것만으로 괜찮아졌는지 눈물이 그새 멈췄다.

"소라야, 무슨 일 있었는지 이제 얘기해줄 수 있어?"

예상했던 대로였다. 소라는 짝꿍의 글씨를 봐주느라 자기 것을 다 쓰지도 못했는데, 선생님이 공책을 확인하겠다고 해서 마음이 급해졌다고 한다. 그래서 울음이 터졌나 보다. 소라의 다정함이

병이 된 것이다. 소라는 짝꿍에게 자음자와 모음자 쓰는 순서를 설명해줬다고 한다. 그런데 짝꿍이 계속 모른다고 해서 더 가르쳐 주다 보니 결국 자기 것을 쓸 시간이 부족했던 것이다.

"그랬구나. 근데 소라야, 선생님이 이렇게 보니깐 소라는 마음이 정말 착한 것 같아. 그래서 친구들이 너에게 부탁하면 잘 들어주는 착한 친구야."

"친구들이 부탁하면 저는 다 들어주고 싶거든요."

"그래, 그건 정말 좋은 거야. 그렇지만 네가 해야 할 일을 다 못할 정도로 남을 돕는 건 지나친 거야. 그러다 결국 오늘처럼 속상한 일이 생긴 것 같아."

"그래도 친구가 도와달라고 하면 도와줘야 하잖아요."

"그래, 그 말도 맞아. 그런데 그럴 땐 요령 있게 친구에게 말할 줄도 알아야 해. 오늘처럼 홍석이가 자꾸 너에게 부탁하면서 네가 글씨 쓸 시간이 모자랄 땐 옆에 있는 다른 친구나 선생님에게 도움을 청하는 건 어떨까? '홍석이 좀 누가 도와줄래? 내가 지금 글씨 쓸 시간이 모자라서 말이야.' 이렇게 얘기할 수도 있지. 그리고 선생님에게 물어보라고 얘기하는 것도 나쁘지 않은 방법이라고 생각해. 네가 거절한다고 친구를 나쁘게 대하는 건 아니야. 부탁을 들어주고 싶지만, 네 상황이 들어주기 힘들다고 홍석이에게 솔직하게 말해도 되는 거야. 그런데도 계속 부탁만 들어달라고 하면 그 친구가 떼쓰는 거지. 그건 그 친구가 고쳐야 하는 거야."

소라는 내 말을 듣고 고개를 끄덕였다.

"거절은 꼭 나쁜 것만은 아냐. 좋은 거절도 있는 거야. 방금 선생님이 말한 건 좋은 거절이 되는 거야. 다음에 그렇게 해볼 수 있겠어?"

"네."

소라가 그렇게 대답하긴 했지만 쉽게 그 성격이 고쳐지진 않았다. 하지만 그날처럼 당황해서 울거나 속상해한 적은 없었다. 아마도 거절과 수용의 중간 정도에서 균형을 잘 잡은 것 같았다.

그 아이는 다른 아이들보다 유난히 친구들을 좋아했다. 아무래도 집에 가면 같이 놀 상대가 부모님밖엔 없다 보니 더욱 또래가 있는 시간이 소중하고, 자기 일을 다 못하더라도 친구의 부탁을 들어줄 정도로 친구가 중요했다. 하지만 친구가 해달라고 하는 걸 다 해주려 하고, 친구의 의견에 따르려고만 한다면 그런 친구와는 절대 좋은 관계가 될 수 없다.

어른도 거절하는 게 어렵다. 오죽했으면 좋게 거절하는 방법에 관한 책도 많지 않은가. 1학년 아이들도 그런 면에서 서툰 게 사실이다. 그렇다고 아이들이 해결할 능력이 없는 것은 아니다. 단지 방법을 잘 모를 뿐이다. 소라처럼 아이들도 주변 어른이 조금만 '생활의 지혜'를 알려주면 금방 이해하고 자기 생활을 바로잡아 간다.

〈이제 그만!〉

친구랑 나란히 놀이터에 앉아서
사탕을 나눠 먹으려고 봉지를 열었다.

사탕 하나 줄래?
그래, 너 먹어!
사탕 또 있어?
그래, 얼마든지!
사탕 또 줄래?
그럼, 당연하지!

친구의 입 안도
내 마음도
달콤하고 향기로운 사탕의 나라

사탕 또 먹을까?
그래, 줄게!
사탕 내가 다 먹어도 돼?
…
그런데, 너 사탕 많이 먹으면 이빨 썩는 거 알지?

실수는 실수

아이들이 초등학교에 입학하면 처음 3주쯤은 입학 적응 활동 기간을 갖는다. 학교라는 낯선 곳에 좀 더 친근감을 가질 수 있도록 흥미와 활동이 중심이 된 교육활동이 이 시기에 집중적으로 이뤄진다. 아이들은 학교 곳곳을 구경하며 다양한 교실을 익히는 것부터 신발장 정리, 사물함과 책상 사용법, 급식실 이용법, 복도와 계단에서의 통행 등 다양한 학교 적응 교육을 받는다.

어느 하나 중요하지 않은 교육이 없는데, 나는 그중에서도 화장실을 올바르게 사용하는 방법은 아이들의 위생과 관련되어 있어 특히 중요하다 생각한다. 학교 화장실은 가정의 것과는 많이 다르다. 우선 화장실을 이용하기 전에 꼭 노크해야 한다. 용변을 보고 나면 막대형 변기 레버를 힘주어 3초 이상 꾹 눌러야 한다(이건 우리 학교 화장실만 그런지도 모르지만). 또 휴지는 꼭 변기에 넣어야 한다.

그러나 1학년 아이들이 사용하는 화장실은 깨끗하게 유지되지 못하는 날이 많다. 휴지가 이곳저곳에 흩어져 있고, 용변 후 뒤처리가 안 된 변기도 많다. 아이들을 데리고 직접 화장실에 가서 한 명씩 지도를 해주면서 수시로 살펴보면 좋겠지만, 우리 학교 같은 경우에는 화장실 1개를 5개 반 150여 명의 아이들이 이용하고 있는 터라 개별적인 지도는 사실상 어렵다. 또 남교사가 거의 없다 보니 남학생 화장실 지도는 사실상 말로만 하고 있는 실정이다. 현실이 이렇다 보니 아이들이 화장실 안에서 용변을 제대로 처리하지 못해서 생기는 문제는 심심치 않게 일어난다.

우리 반 한 여자아이는 화장실 변기 물 내려가는 소리가 무섭고 변기 손잡이가 너무 크다면서 한 달이 넘도록 화장실을 제대로 이용하지 못했다. 담임 교사인 나는 부끄럽게도 아이가 그런 문제를 겪고 있는 줄 알지 못했다. 아이는 학교생활에 자신감이 넘쳐 보였고, 친구들과 친하게 지냈으며, 항상 웃는 모습이었기 때문에 이런 문제가 있는 줄은 짐작도 하지 못했다. 아이가 나에게 화장실을 사용하기가 불편하거나 어렵다고 얘기하지도 않았지만, 아이와 내가 화장실에서 마주친 적도 없어서 아이의 문제를 알아차릴 수가 없었다.

평소 그 아이는 아침에 학교에 와서 수업이 끝나고 집에 갈 때까지 용변을 참았다. 그런데 하교 후 집에 가지 않고 방과후 수업을 들어야 하는 날 드디어 문제가 터졌다. 방과후 수업 첫날, 아이는 학교 화장실에서 용변을 보지 못하고 오랜 시간 꾹 참았다. 그런데 방과후 수업이 끝날 때 즈음엔 도저히 참지 못하고 그만 옷에 실수하고 말았다. 아이는 방과후 선생님께 그런 상황을 말하지 못했다. 그런 사실을 선생님에게 말하려니 무척 당황하고 부끄러웠을 것이다.

아이 어머님으로부터 전화가 왔다. 아이가 평소와 달리 아침에 학교에 가지 않겠다고 울며 떼를 썼다 한다. 처음에는 아이가 이유를 말해주지 않아 엄마 아빠가 아이를 차분하게 달래어 자초지종을 물었고, 아이는 한참 울고 난 후에야 자신에게 있었던 일을 털어놨다. 아이는 학교에 가서 소변 실수를 또 할까 봐 두렵고 무서워서 학교에 가기 싫었던 거였다.

아이의 문제가 이 정도면 심각하다고 판단했다. 나는 아이의 부모와 방과후학교 강사가 협력하여 아이의 문제를 해결해야 한다고 생각했다. 우선, 내가 아이를 데리고 직접 화장실에 가서 함께 화장실을 이용해 보기로 했다. 나는 서너 번 정도 아이와 함께 화장실을 이용했다. 아이가 용변을 보고 나면 내가 들어가서 변기 뚜껑을 닫고 아이와 함께 변기 레버를 꾹 누르는 실습을 했다. 그 뒤로는 아이가 쉬는 시간에 화장실을 갈 땐 변기 손잡이 내리는 게 안 될 땐 나에게 도움을 청하도록 일러줬다.

아이 부모님께는 아이와 함께 학교 화장실과 비슷한 공중화장실을 이용하는 경험을 해볼 수 있도록 부탁했다. 방과후학교 강사에게는 아이를 주의 깊게 관찰하다가 혹시나 화장실에 가고 싶은 행동이 포착되면 함께 아이와 화장실에 동행해 달라고 부탁했다. 이렇게 화장실 사용에 대한 경험을 늘리고, 믿을 수 있는 어른이 함께 화장실을 이용해주면서 다행히 아이는 혼자서 화장실을 잘 이용할 수 있는 단계까지 발전했다.

아이들은 1학년이 되면서 스스로 혼자 할 수 있다는 자신감이 넘친다. 1학년이 됐으니 엄마와 아빠, 선생님과 친구들에게 당당하고 멋진 모습을 보여주고 싶어 한다. 그러나 다른 아이들이 다 하는 일을 잘 해결하지 못하는 자신을 마주할 때면 당황하고 부끄러워한다. 그런 문제를 엄마나 아빠에게 말하면 좋은데, 그렇지 못하고 혼자서 고민하는 경우가 많아 안타깝다.

우리 반 아이도 부모님께 화장실 고민을 털어놓으며 많이 부끄러워했다고 한다. 그동안 뭐든지 척척 잘한다고 칭찬받았는데, 화장실 문제를 스스로 해결하지 못해서 걱정이라는 말이 쉽게 입에서 떨어지지 않았을 것이다.

'내가 이건 잘못할 것 같은데?'

'다른 사람이 실망하면 어쩌지?'

'실패하면 다들 날 싫어하겠지?'

아이들도 이런 고민을 많이 한다. 더욱이 잘하고 싶은 일을 잘 해내지 못하는 자신의 모습에 아이들은 의기소침하고 위축된다. 나아가 자기 자신을 부정적으로 바라보게 되어 자존감마저 낮아질 수 있다. 이때 주변 어른들이 아이의 마음을 잘 헤아려주면 좋겠다. 사람은 누구나 잘 안 되는 게 있을 수 있다고, 사람이 뭐든지 다 잘하는 것은 아니라고 아이를 안심시키고 다독여주면 좋겠다.

만약 우리 반 아이의 부모님 혹은 담임 교사가 이렇게 말했다면 어떻게 됐을까?

"다른 아이들은 화장실을 잘도 이용하는데 너는 왜 그러니?"

"혼자 화장실도 못 가면 어떡해? 1학년이 됐는데도 그걸 못 해?"

생각만 해도 아찔하다. 만약 주변 어른들이 아이를 저런 말로 윽박지르고 비난했다면 분명히 아이의 문제는 더 커지고 깊어졌을 것이다.

다행히 주변 어른들이 아이의 문제에 공감하고, 아이 마음을 이해해주었기 때문에 아이는 화장실에 가서 용변을 볼 용기가 생겼고, 도전할 수 있었다. 그리고 마침내 혼자서 화장실을 잘 사용할 수 있게 된 것이다.

이처럼 어떤 문제로 힘들어하는 아이에게 도움이 될 수 있는 '금쪽 처방'은 아이의 마음을 수용하고 인정해주는 어른들의 공감이다. 아이에게 잘 안 되는 일이 생겼을 때, 아이가 힘들어하는 일이 있을 때 "그럴 수 있지! 네 마음 이해해"라고 말해주면, 신기하게도 아이들에게는 문제를 해결할 힘과 용기가 생긴다. 그리고 결국 슬기롭게 극복해 낸다.

〈원숭이가 나무에서 떨어질 때는〉

1. 졸릴 때

2. 밥 안 먹어서 힘이 없을 때

3. 잠깐 딴짓하고 있을 때

4. 손에 기름칠했을 때

5. 나무가 썩었을 때

6. 갑자기 태풍이 불었을 때

7. 뒤에서 누가 불러서 돌아봤을 때

8. 너무 급하게 서두르다 발을 헛디뎠을 때

9. 배꼽 잡고 웃다가 손발에 힘이 없을 때

10. 한 나무에 너무나 많은 원숭이가 매달릴 때

이렇게나 많네

100가지도 되겠네

누구나 안 되는 게 있고

안 될 때가 있지

맨날 안 되는 건 아니지

맨날 안 된다면?

잘못된 습관

내 아이가 언제부터 연필을 쥐었을까? 잘 기억나지 않는다. 생각해보면 연필을 쥐었다기보다는 그 전에 색연필, 크레파스 등의 채색 도구를 먼저 손에 잡았던 것 같다. 작은 스케치북에 이리저리 선을 긋고 마음대로 그림도 그리면서 내 아이는 자연스럽게 글씨도 쓰게 되었던 것 같다. 그 후로 유치원에 다니면서 본격적으로 연필을 잡고 글씨를 썼다.

그런데 내 아이가 연필을 잡고 쓰는 모습이 정말 가관이었다. 엄지, 검지, 중지 세 개의 손가락으로 연필을 쥐고 약지와 새끼손가락으로 연필을 지지하면서 글씨를 쓰는 게 아닌가. 처음에는 당황스러웠지만, 내가 한 번도 세심하게 아이에게 연필 잡는 법을 알려주지 않았으니 이게 당연하다는 생각이 들었다. 그날 나는 처음으로 내 아이에게 올바르게 연필 잡는 방법을 알려주었다. 그러나 이미 습관이 되어버렸는지 쉽게 고쳐지지 않았다.

1학년 아이들은 입학 초기 적응 활동 기간과 국어 교과 시간을 이용하여 바르게 연필 잡는 방법을 배운다. 그러나 내 아들처럼 이미 연필 잡는 방법이 올바르지 않은 아이들이 많다. 아이들에게 바르게 연필 잡는 방법을 가르치려면 내가 마음을 단단히 먹어야 한다. 여유를 갖고 인내하며 아이들이 배우기를 포기하지 않도록 독려해야 한다.

바르게 연필 잡는 법을 잘 가르치는 방법은 다른 게 없다. 1:1 개별 지도가 답이다. 일일이 아이들 손에 연필을 올바르게 쥐어주면서 함께 글씨를 써보는 방법이 가장 좋다. 이때 반복 지도가 아주 중요하다. 바르게 연필 잡는 게 습관화되기까지 긴 시간이 걸리기 때문이다. 무엇보다 아이가 스트레스받지 않으면서 즐겁게 익힐 수 있도록 해야 한다.

우리 반 아이들은 실물화상기와 파워포인트 자료 등을 통해 올바른 연필 잡는 법을 자세히 배운다. 그리고 주어진 낱말을 써보게 해서 배운 것을 익힌다. 이때 나는 아이들 한 명 한 명에게 다가가 연필 잡는 법을 교정해 준다.

아이들은 기존에 자신이 연필 잡던 방법이 올바른 방법이 아니란 것을 머리로는 잘 이해하고 있다. 하지만 실제 글씨를 쓸 때는 예전 방법대로 연필을 잡고 쓴다. 그럴 때 멋쩍어 웃는 아이가 있는가 하면, 처음엔 바르게 쥐고 쓰다가 부지불식간에 손가락 위치가 바뀌어서 답답해하는 아이도 있다. 그걸 보고 있노라면 저절로 웃음이 나온다.

며칠 전, 국어 시간이었다. 국어책에 글씨를 쓰는 동안 나는 아이들 사이를 돌아다니며 연필 바르게 잡기 개별 지도를 했다. 한 아이가 글씨를 쓰다가 연필심을 부러뜨렸다. 아이는 깜짝 놀랐지만, 이 상황이 재미있었는지 나를 보고 '큭' 하고 웃었다. 나도 함께 웃었다. 아이는 선생님이 보고 있다는 생각에 긴장해서인지, 잘 써보려는 마음이 강해서인지 연필을 쥔 손에 힘이 잔뜩 들어가 있었다.

"우형아, 연필 잡는 거, 고치기 힘들지?"

"네, 선생님, 어려워요."

"어떤 게 제일 어려워?"

"중지에 대고 엄지와 검지로 연필 잡는 거요."

우형이뿐만 아니라, 다른 아이들도 이미 손에 익은 방법을 바꾸기가 힘들다고 목소리를 높였다. 아이들은 학교에서 배운 대로 연필을 잡아보려니 낯설고 불편해서 스트레스를 받는 것 같았다.

"4반 친구들, 바르게 연필 잡기가 많이 힘들지요? 선생님도 어렸을 때 진짜 연필 잘 못잡았어요. 그래서 선생님 아빠한테 많이 혼났어요."

"그런데 선생님이 지금은 연필 잘 잡잖아요?"

"그렇지. 왜 그럴까요?"

"계속 연습했어요."

"그래요, 한번 들인 습관은 고치기 어렵다고 하잖아요. 그런데 떨어지는 빗방울이 오래오래 떨어지다 보면 바위도 뚫는다는 말이 있잖아요. 이 말처럼 바르게 잡으려고 자꾸 노력하다 보면 잘 잡을 수 있을 거예요. 마음을 급하게 먹지 말고, 오늘 조금 연습하고 내일 조금 연습하다 보면 언젠간 좋아질 거예요. 분명히! 우리가 지금 이게 고치기 어렵다고 포기하면 안 돼요. 선생님이 계속 도와줄게요."

급하게 고치려고 아이들을 다그치는 것보다 여유를 갖고 천천히 해보라는 선생님의 조언에 아이들은 한결 편안해 보였다.

"선생님, 나쁜 습관은 머리카락에 달라붙은 껌 같아요."

한 여자아이가 나쁜 습관이 고치기 어려운 상황을 머리카락에 껌이 붙어버린 상황으로 묘사했다. 기막히게 절묘한 표현이었다.

"맞아요, 머리카락에 껌 붙으면 진짜 떼기 어렵죠."

"네, 아빠가 머리카락 잘라버리자고 했어요. 근데 저는 정말 자르기 싫었어요."

"그래서 어떻게 했어?"

"엄마가 마요네즈를 묻혀서 한 가닥씩 닦아줬거든요. 그랬더니 잘 떨어졌어요."

"좋은 경험이네. 여러분, 미경이가 머리에 껌이 붙었을 때 마요네즈를 계속 발라가면서 머리카락을 한 가닥씩 떼어낸 것처럼, 우리도 잘못된 습관을 계속 고치다 보면 우리한테서 쑥 떨어질 거예요. 모두 힘내요, 아자아자!"

아이들이 흔쾌히 '예'라고 대답해 줬다.

그 후로도 우리 반 아이들은 바르게 연필 잡기를 꾸준히 실천

했다. 국어 시간을 활용해 수업 시작 후 2분 정도 시간을 내서 바르게 연필을 잡고 낱말 쓰기 연습을 했다.

아이의 잘못된 습관을 얼른 고치겠다고 윽박지르고 다그치는 행동은 옳지 않다. 물론 시간이 지나면 더 고치기 힘들어지기 때문에 부모 마음이 조급해질 수도 있다. 그러나 아이를 닦달하고 성급하게 접근한다면 오히려 아이는 그것에 거부감만 더 크게 가질 수 있다. 결국 긍정적인 변화를 가져오기는 어렵다.

무엇보다 스스로 고치고자 하는 아이의 의지가 꺾이지 않도록 아이의 마음을 봐가며 우리 어른들이 지속적인 관심을 가지고 도와주는 게 중요하다. 좋은 습관을 갖고 싶은 건 아이들이 더 간절하다.

〈바르게 연필 잡기〉

연필을 언제 잡았는지
아무리 생각해도 기억이 없는데
잘못된 방법으로 연필을 잡고 있다

언제 몰래 다가와서
손에 착 달라붙어
떨어질 줄 모르는 잘못된 습관

딱풀로 붙였나?

스카치테이프로 감았나?

초강력 본드를 발랐나?

떨어져라

혼내줄 테다

아무리 강하게 붙어 있어도

두고 봐, 절대로 지지 않을 거니까

내 고집도 초강력 고집이야!

100까지!

정부가 실외 마스크 착용을 전면 해제하면서 이제 운동장에서 아이들이 답답한 마스크를 벗고 신나게 소리 지르며 뛰어놀 수 있게 됐다. 긴 코로나19의 터널이 언제 끝날지 모른다는 생각에 불안했는데, 마침내 그 끝이 보이는 것 같다. 조금만 더 참고 이 상황을 잘 넘기면 코로나19 이전의 자유로움을 만끽할 수 있을지도 모른다고 생각하니 벌써 마음이 설렌다.

코로나19 팬데믹 상황이 좋아졌다는 증거는 학교 곳곳에서도 드러난다. 2년 만에 학교 밖으로 체험학습을 떠났고, 가을이 되면 작게나마 가을운동회를 열 계획이다. 아이들이 얼마나 재미있어 할지 상상만 해도 흐뭇하고 기쁘다.

그동안 코로나19는 우리 사회에 많은 상처를 남겼다. 아이들의 교육 또한 피해가 컸다. 특히 1학년 아이들이 취학 전 어린이집이나 유치원에서 배우고 익혀야 할 것들을 제대로 마치지 못하고 초등학교에 들어온 문제는 결코 가볍게 넘길 것이 아니었다.

올해 우리 반 아이들을 보면 발음이 어색한 아이들이 다른 해와 다르게 많이 관찰됐다. 아마도 코로나19 상황에서 취학 전 정확한 발음을 듣고 따라 말하는 교육이 제대로 이뤄지지 못한 게 원인이 아닐까 생각한다. 마스크를 쓰고 말하게 되니 교사의 발음이 정확하게 전달되지 않았을 것이고, 아이들은 교사의 입 모양을 제대로 볼 수 없었을 테니 말이다. 추후 이러한 문제가 학습 부진으로 이어질 수 있으니 '나중엔 좋아질 거야!'라는 안이한 태도로 접근하는 것은 좋지 않다.

물론 유치원에서 배우지 못한 것을 부모님이나 형제자매를 통한 가정 학습으로 익힌 아이들도 많다. 하지만 맞벌이 부부와 같은 가정의 특성상 아이가 세심한 가정 학습을 받지 못한 경우에 학습 부진을 겪을 가능성이 커진다.

이 때문에 학교에서는 코로나19로 인한 교육 격차를 줄이기 위해 방과후에 담임 교사가 아이들에게 보충 수업을 할 수 있도록 교과 보충 프로그램을 운영하고 있다. 이것은 방과후 보충 학습을 희망하는 아이들을 대상으로 교실에서 1시간에서 2시간 정도 부족한 교과 공부를 통해 학습 결손이 더 커지는 것을 방지하는 데 목적이 있다.

우리 반에도 이 수업이 필요한 아이가 몇몇 있었다. 나는 방과후 교과 보충 수업이 필요한 아이들을 선정해서 학부모님께 연락했다. 처음엔 몇몇 부모님께서 일종의 낙인을 우려하여 거부하셨지만, 세 분의 학부모님께서는 자녀에게 좋은 기회가 될 것이라 여기시며 흔쾌히 보충 수업을 신청하셨다.

처음엔 교사인 나도 방과후학교에 남은 아이들을 다른 아이들이 부정적으로 보면 어쩌나 걱정이 됐다. 또 남는 아이들은 혹시나 기가 죽거나 자신감이 떨어지지는 않을까, 아이들이 스스로 '뭔가 부족해서 남아서 공부하는 아이'로 생각하지는 않을까 염려됐다.

만약 아이들이 그런 마음을 갖게 된다면, 그때부턴 보충 수업이 아무리 양질의 것이라 해도 아무런 교육적 의미가 없기 때문이다. 방과후 교과 보충 수업을 하게 될 아이들에게는 특히 용기와 도전, 자신감이 중요했다.

내가 머릿속에 고민만 가득 안고 해결 방안은 찾지 못한 채 교과 보충 수업 첫날을 맞았다. 4교시 정규 수업이 끝났다. 나는 보충 수업에 참여할 아이들을 앞으로 불러 모았다. 그런데 부르지 않은 한 아이가 그 아이들을 뒤따라오며 의아한 얼굴로 물었다.

"선생님, 왜 영찬이랑 수경이 부르셨어요?"

궁금한 건 잘 못 참는 아이였다. 나는 어떤 대답을 해야 할까 잠시 고민했다. 그런데 갑자기 수경이가 답했다.

"나 오늘 남아서 공부하거든."

"엥? 왜 남아서 공부해? 오늘 4교시 하고 집에 가잖아."

나는 침을 꼴깍 삼켰다. 당황스러웠다. 얼른 뭐라고 대답해 줘야 하는데, 마땅한 말이 생각나지 않았다. 남는 아이들이 낙인 찍힐까 하는 내 걱정이 현실이 되진 않을까 두려워졌다.

그때 수경이는 아무렇지도 않게 말했다.

"내가 수학을 더 공부해야 되거든."

평소 부끄러움이 많은 수경이는 작은 목소리로 소곤소곤 말했다.

'아이쿠, 세상에! 이제 수경이가 수학을 못 한다고 아이들이 놀리면 어쩌지?'

등에 식은땀이 났다. 수경이는 계속 말을 이어갔다.

"우리 엄마가 지금 수학을 공부하면 2학년 때 더 잘할 수 있대. 근데 지금 안 하면 계속 어려울 거래. 그래서 하는 거야."

난 깜짝 놀랐다. 지금까지 내가 봐왔던 수경이가 아니었다. 분명 주눅이 잔뜩 들어 작은 목소리로 말하거나 아니면 아예 아무 대꾸도 하지 않을 줄 알았는데, 그게 아니었다. 수경이는 어디에 그런 다부진 모습이 숨겨져 있었는지 이것저것 물어보는 친구들 앞에서 자신이 왜 보충 수업을 하는지를 또박또박 자신있게 말했다. 큰 목소리는 아니었지만, 어느 한구석 구겨지거나 접힌 부분 없이 떳떳하고 당당했다. 조금만 과장하면 수경이의 비장한 각오가 담긴 것처럼 들렸다.

"아, 그렇구나. 그럼 좋겠는데? 수학 더 잘하게 되고?"

수경이의 말을 들은 다른 아이가 말했다.

"그러겠지."

그렇게 말하며 수경이는 미소를 지었다. 마치 수학을 잘하는 멋진 모습을 상상하고 있는 것처럼 보였다.

아이들의 대화를 지켜보며 나는 부끄러워졌다. 도대체 무슨 상상을 했었나. 왜 보충 수업을 받는 아이들은 그 사실을 부끄럽게 여길 거라고 섣부른 생각을 했을까. 왜 함부로 아이의 마음을 재단하고 넘겨짚었을까. 뒤틀리고 오만이 가득한 편견 앞에서 나는 참으로 민망했다. 지금도 그날 수경이의 당당한 얼굴은 잊히지 않는다. 그 표정에서 빛나던 도전과 용기는 진정으로 아름다웠다.

학교란 배우는 곳이다. 누가 더 잘하는지 겨루는 대회장이 아니다. 나는 많은 학부모님과 상담 중에 이런 말씀을 자주 드린다. 1학년 아이들은 자신이 부족한 걸 배우는 것에 부끄러워하지 않는다고. 만약 그 아이가 부끄러워한다면 그런 감정을 갖도록 어느 순간 우리 어른들이 아이에게 그런 시선을 보내진 않았는지, 그런 경험을 하게 눈치를 준 적은 없는지 반성해야 한다고.

칭찬이 독이 된다는 말이 있다. 잘하는 것에 대해 칭찬을 받을 때, 상대적으로 나머지 것들은 그저 그렇거나 잘못한 것이 되어버릴 수 있다. 그래서 칭찬할 때는 그만큼 조심해야 한다.

학교는 과정을 칭찬하는 곳이다. 현재 교육과정에서 학생들의 평가는 수행평가가 대부분이다. 이것은 학습의 결과가 아닌 과정을 평가한다. 과정을 평가한다는 것은 학습의 결과 못지않게 학습을 하는 동안의 과정을 평가하고, 그에 대한 아이의 흥미와 적성, 태도까지도 중요하게 여긴다는 뜻이다. 그런 의미에서 본다면 보충 수업을 받는 일은 학습의 과정을 조금 더 연장하는 일일 뿐이다.

자녀가 하교 후에 보충 수업을 받아야 한다면 기뻐할 학부모님은 그리 많지 않을 것이다. 그렇다고 그게 부끄럽거나 속상할 일도 아니다. 아이들의 마음속을 보라. 아이는 자신을 있는 그대로 받아들이고, 주눅 들지 않는다. 아이들은 어른들과 달리 결과만을 두고 자신을 평가하지 않는다. 아이들은 지금 부족한 것이 있어도 노력하고 연습하다 보면 분명 잘될 것이라는 과정의 힘을 믿는다.

학습 시간을 더 확보해 보겠다는 마음, 공부하면 더 잘할 것이라고 믿는 아이의 마음을 들여다보면 부모로서, 어른으로서 우리가 아이들에게 해줘야 할 일을 알 수 있다. 그것은 걱정이나 염려가 아니다. 도전하는 아이의 용기를 높이 평가하고 칭찬해주며, 진심으로 응원하고 격려해주는 게 우리가 해야 할 일이다.

〈100까지 가는 길〉

1층에서 출발, 2층, 3층, 4층
돌계단을 오르면
나무가 하나, 둘, 셋, 넷
숲이 보이겠지.

한 송이에서 출발, 두 송이, 세 송이, 네 송이
꽃들이 모이면
꽃나무 한 그루, 두 그루, 세 그루, 네 그루
꽃밭이 이뤄지겠지.

높은 계단이 오더라도
오르는 마음은
그냥 올라가는 마음일 뿐

돌자갈이 많은 꽃밭이 있더라도
꽃나무를 심는 마음은

그냥 모으는 마음일 뿐

100층이 아니어도 좋다!
100그루가 없어도 좋다!

1은 언젠가 100에 닿아가니까!

마음속 도미노

1학년이 되면 아이들은 학교에서 스스로 수업을 준비해야 한다. 수업 시간에 배울 교과서를 사물함에 가서 꺼내 온다거나, 책상 속에 물건들을 평소에 쓰기 편하게 잘 정리해둬야 한다. 그림이나 만들기를 하고 난 다음엔 자기 책상이나 의자 주변에 떨어진 쓰레기들을 잘 모아서 버리는 것도 스스로 해야 한다.

하지만 1학년에 들어오자마자 이런 일을 알아서 척척 잘 해내기란 힘들다. 그래서 교사는 입학 첫 달에 아이들에게 자세하게 안내하며 가르친다. 대부분 아이들은 선생님의 안내에 따라 자기 할 일을 잘 해낸다. 그런데 간혹 그렇지 못한 아이들이 있다.

우리 반 다슬이는 착하고 다정한 아이였지만, 유독 자기 주변 정리를 잘 못했다. 아침에 봤던 그림책은 내가 얘기해주지 않으면

2, 3교시가 지날 때까지 계속 책상 위에 올려져 있다. 다음 시간 수업을 위해 다른 교과서를 사물함에서 꺼내와야 할 때도 따로 얘기해줘야 했다. 만들기나 그리기를 하고 나면 책상 아래에는 항상 종잇조각과 챙겨 넣지 않은 색연필이 널브러져 있었다. 지우개는 거의 매일 잃어버렸다.

나는 자주 다슬이 책상 옆에 가서 아이와 같이 주변 정리를 했다. 당연히 잔소리가 나왔다. 다슬이는 내 잔소리와 참견을 좋아하지 않았다. 아이는 선생님에게 지적을 받는다거나 혼난다고 생각했을지도 모른다. 다슬이를 보는 다른 아이들의 시선도 걱정이었다.

몇 주의 시간이 지나도 다슬이의 주변 정리는 잘되지 않았다. 나는 교사로서 지도한다는 명목으로 자꾸 아이에게 "치워 보자, 정리하자, 국어책 꺼내자, 수학책 집어넣자" 이런 말을 했다. 이에 다슬이가 점점 내 눈치를 보는 것처럼 느껴지기도 했다.

아이가 선생님을 좋아하지 않으면 학급에서의 생활은 거의 실패한 거나 다름없다. 나는 더 이상 다슬이를 이대로 두고만 볼 수 없었다. 아이가 주변 정리를 잘 할 수 있도록 하기 위해 우선 그 아이와 더욱 친해져야 했다. 방법은 다슬이를 내 팬으로 만드는 것.

나는 우선 다슬이의 칭찬거리를 찾기로 했다. 며칠을 노력한 결과 마침내 나는 다슬이의 멋진 모습을 여러 가지 발견할 수 있었다. 그중 하나가 글쓰기 실력이었다.

국어 시간에 그림일기 쓰는 법을 배우고 난 뒤에 그림일기를 쓰는 수업을 했다.

"지난 주말에 있었던 일을 그림일기로 써볼 거예요. 그림일기를 쓸 때는 날짜도 중요하지만, 그때 있었던 중요한 일과 그에 대한 자기의 생각이나 느낌을 자세히 쓰는 게 제일 중요해요. 멋진 그림일기를 기대해 볼게요."

반 아이들이 그림일기를 쓰기 시작했다. 이윽고 제법 시간이 흘렀을 때 나는 아이들을 보며 말했다.

"자, 그럼 그림일기를 발표할게요. 누가 발표해 볼까요?"

1학년 아이들은 발표하는데 항상 열심이다. 나는 한 아이에게 발표를 시켰다. 그런데 아이들은 그림으로 자신이 겪은 일은 곧잘 표현했지만, 글로 생각이나 느낌을 표현하는 것은 서툴렀다. 대다수 아이들 생각은 '재미있었다', '신났다' 같이 짧은 표현이 많았다.

"이번에는 누가 발표해 볼까요?"

다슬이가 손을 들었다. 보기 드문 일이었다. 다슬이는 항상 자기 일에 몰두하고 있어서 발표를 잘 안 하던 아이였기 때문이다. 그런데 다슬이가 손을 들다니. 나는 반갑고 기특한 마음이 들었다.

"다슬이가 발표해 볼까요?"

다슬이는 부끄러운 듯 엷은 미소를 지으며 자리에서 일어났다. 그리고 앞으로 나와서 실물화상기에 자신의 그림일기를 보여주었다. 그런데 그 틈을 타 다른 아이들이 소란스럽게 이야기했다. 다슬이가 갑자기 큰 소리로 말했다.

"애들아, 내가 발표하니까 좀 조용히 해줄래?"

아이들과 나는 깜짝 놀랐다. 평소 다슬이가 좀 엉뚱하다고는 생각했는데, 이런 자신만만하고 독특하고 귀여운 면이 있는 줄은 미처 몰랐다.

"와, 다슬이 최고다! 여러분, 친구가 발표하니까 잘 들어줘야죠."

나는 다슬이에게 폭풍 칭찬을 하면서 용기를 북돋워 줬다. 아이는 내 말에 기분이 좋았는지 밝게 웃었다. 다른 아이들은 조용히 다슬이의 발표에 집중했다.

다슬이는 그림일기를 읽기 시작했다. 내용은 지난 주말에 할머니 집에 가서 자고 왔는데 밤에 모기에게 서너 군데를 물렸다는 이야기였다.

"그런데 모기 물린 곳이 너무 가려워서 안 긁을 수가 없었다. 그래서 피가 났다. 모기가 밉다."

"와! 대단하다, 다슬이! 너무 가려워서 안 긁을 수가 없다는 표현이 진짜 좋다. 정말 가려운 게 느껴지잖아. 그리고 모기가 밉다는 말도 재미있구나. 여러분도 그런가요?"

나는 다슬이를 다시 칭찬해줬다. 모기 물린 데가 가려운 걸 어쩜 저렇게 표현했는지 신통방통했다.

"다슬아, 글을 정말 잘 쓰는구나! 다슬이는 커서 작가가 되면 좋겠다."

내 말에 갑자기 반 아이들이 다슬이에게 박수를 보냈다. 친구의 좋은 점을 함께 칭찬할 줄 아는 우리 반 아이들이 기특하고 사랑스러웠다.

다슬이는 부끄러운지 얼굴 전체가 빨개졌다. 그런 아이 얼굴이 6월 여름날 학교 담장 아래 핀 붉은 장미꽃처럼 아름답고 빛나 보였다.

그 후 나는 다슬이와 더 친밀해지고 가까워졌다. 다슬이도 그런 마음이었는지 내가 주변 정리를 하자고 하면 이젠 웃으면서 깔끔하게 청소를 했다. 그리고 내가 따로 말하지 않아도 될 정도로 다슬이는 주변 정리를 알아서 척척 해냈다. 글쓰기를 잘한다는 자신에 대한 긍정적 자아상을 가지게 되어서인지, 나의 진심 어린 칭찬 때문이었는지 모르겠지만 다슬이의 학교생활 태도는 아주 좋아졌다.

반 아이들도 예전보다 다슬이를 더욱 좋아했다. 다슬이에게 그림일기를 자주 보여달라고 조르는 아이들이 많아졌다. 그 전엔 쉬는 시간에 늘 혼자 뭔가를 하던 다슬이가 이제는 다른 아이들과 종알종알 이야기를 주고받는 모습을 자주 보인다.

아이들은 자신이 잘하는 것 한 가지라도 찾으면 그것에서 자존감을 얻는다. 잘하는 것, 그 하나가 튼튼한 뿌리가 되어 아이를 세상에 우뚝 서게 한다. 비바람이 불어도 끄떡없이 버텨낼 수 있는 내적인 힘이 거기서 나온다.

아이들은 무한한 우주다. 어느 한 군데만 보고 성급하게 판단하면 아이는 그 한 면에 매몰되어 자신을 가둬버린다. 하지만 좋은 점 하나를 발견하고, 그것을 세상 밖으로 끄집어내 주면 아이는 그걸 날개 삼아 훨훨 날아오른다. 어느 아이들이나 마음속엔 자기만의 도미노가 있다. 그 아이만의 큐브를 찾아 톡 건들면 멋진 작품이 완성되는 건 시간문제다.

〈별꽃 같은 아이〉

길가에 있는 꽃이 길가에 있다고
향이 없을까요?

앉은뱅이 꽃이 앉아 있다고
키도 작을까요?

발걸음을 멈추고 천천히 뒤돌아
향을 맡아 보세요.

높은 다리를 구부리고 키를 낮춰서
가만히 들여다보세요.

별꽃이 피어 있잖아요.

별을 노래하는 별의 마음이

밤 길가에서 향을 뿜고 있잖아요.

별꽃이 피어 있잖아요.

별을 닮은 별의 마음이

밤하늘 아래 앉아 별을 노래하잖아요.

제2부

함께 하는 마음

1

함께 하는
아이들

'같이'의 힘

입학식 후에 몇 주간의 입학 초기 적응 활동을 마치고 나면 나는 아이들에게 수업 시간에 발표하는 방법을 가르친다. 아이들에게 발표는 두 가지 이유로 중요하다.

첫째, 수업 시간에 하는 발표는 공식적으로 친구들과 선생님 앞에서 하는 말하기다. 이것은 자기 생각을 잘 말하고 다른 사람의 생각을 듣는 활동으로, 학교 수업을 이끌어 가는 원동력이 된다. 그러므로 발표를 가르칠 때 천천히 자세하게 가르치려고 노력한다.

두 번째, 발표하기를 배우지 않으면 아이들이 수업 중에 다른 아이나 선생님이 말하고 있는 것에 상관하지 않고 아무 때나 자기가 하고 싶은 말을 마구 하기 때문이다. 이런 행동이 심해지면 자 칫 수업이 원활하게 이어지지 못할 수도 있다.

따라서 발표하는 방법을 배우고 연습하는 것은 원활한 수업을 위해 필수적이다. 무엇보다 발표는 자연스러워야 한다고 생각한 다. 아이들이 수업하다가 궁금한 것을 자연스럽게 물어보고 서로 의견을 나누는 것이어야 한다.

1학년 아이들은 하고 싶은 말이 많다. 아이들은 참지 않고 바로바로 말한다. 그런데 수업 시간에 손을 들고 발언권을 얻어서 말해보라고 하면 목소리 크기가 확 작아진다. 아이들 목소리가 목구멍으로 들어가고 몸이 움츠러든다. 어떤 아이들은 입 모양은 말을 하는 걸로 보이는데 아무 소리도 나지 않는 경우도 있다.

발표할 때 아이들 목소리가 작아지는 이유는 여러 사람 앞에서 말한 경험이 부족하기 때문이라고 생각한다. 수업 시간에 한 아이가 발표하면 다른 아이들이 그 아이에게 집중하게 된다. 아이들은 이 상황에 대한 경험이 많지 않다. 그래서 나는 아이들이 크게 말할 수 있는 경험, 다른 친구들 앞에서 말할 수 있는 경험을 많이 할 수 있도록 하고자 '다 함께 말하기' 발표 방법을 쓰고 있다.

이 방법은 내가 아이들에게 무언가를 질문하고 난 뒤에, 대답을 모두 다 같이 해보자고 하면 아이들이 큰소리로 자신 있게 말하는 것이다. 이것의 장점은 공부를 잘하는 아이도 못하는 아이도, 목소리가 큰 아이도 작은 아이도 다 같이 외치는 큰소리에 묻혀버린다는 데 있다. 그러면 부끄러움이 많은 아이나 자신감이 부족한 아이도 불안감을 떨쳐버리고 발표할 수 있게 된다.

혼자 말하는 것보다 다른 사람들 사이에 묻혀서 말하게 되면 아무래도 발표하는 것에 대한 걱정이나 두려움 같은 것이 줄어든다. 아이들이 '다 함께 말하기' 발표를 할 때는 우리 반 아이들 목소리가 복도를 타고 건물 전체에 퍼져나가 학교 담을 넘어갈 듯 웅장하게 들린다. 그 안에서 자신감이 쑥쑥 자라는 아이들이 보인다.

아이들이 발표를 큰 목소리로 잘하면 좋겠지만, 그렇지 못할 때 선생님이 아이들을 다그치고 집요하게 잘할 것을 요구하면 어떻게 될까? 그때부터는 발표가 스트레스가 되고 고욕이 되기 쉽다. 손을 드는 것부터 안 하려는 아이들이 많을 것이다. 급기야는 수업 시간이 공포가 될 수도 있다. 그러다 아이 마음은 결국 선생님과 멀어지고 만다. 아이들의 마음이 떠난 교실에는 교육적 효과도, 의미도 없다.

앞에서도 말했듯이 아이들이 다 같이 말하면 간혹 누군가 실수를 하더라도 묻혀 두드러지지 않게 된다. 그렇게 되면 자칫 실수를 제때 교정할 수 있는 시기를 놓칠 수도 있다. 그러나 나는 이 부분에 대해서 크게 걱정하지 않는다. 못하는 대로 그냥 지나가고 싶은 아이들은 별로 없다. 실수하면 자신이 더 잘 안다, 자신이 무엇을 잘 모르는지, 무엇을 틀렸는지. 굳이 교사가 매번 콕

찍어 주지 않아도 된다.

실수한 아이들은 얼굴에 티가 난다. 나는 그런 아이들에게 눈길 한 번 더 주고, 따뜻한 눈빛으로 '괜찮아! 다음엔 더 잘할 수 있을 거야'라고 메시지를 보낸다. 이럴 때 아이들은 더 성장하고 발전한다.

아이들과 함께 지내다 보면 천천히 되는 게 꽤 많은데, 발표하기가 특히 그렇다. 바른 자세와 큰 목소리로 또박또박 말하는 게 단기간에 되는 게 아니다. 1년이 지나도 되지 않는 아이들도 많다. 시간이 필요한 일에는 시간을 쓰는 게 답이다.

대신에 아이들에게 말하기에 대한 자신감을 더 키워주면 좋겠다. 발표를 못 하는 아이에게는 '다 함께 말하기' 발표처럼 친구들과 함께 자신의 목소리를 크게 말하는 경험을 통해 자신감을 키우는 것도 좋을 것 같다. 그리고 그런 경험이 쌓이다 보면 언젠가는 혼자서도 발표를 잘 할 수 있을 것이다.

며칠 전 수업 시간에도 발표하는 목소리가 작아서 한 아이가 속상한 일을 겪었다. 아이가 발표를 하는 도중에 다른 아이들이 목소리가 잘 안 들린다고 말했는데, 아이는 그 말에 기분이 상했다. 나는 수업을 바로 중단하고 반 아이들 전체에게 말했다.

"목소리 작은 거 괜찮아요. 발표는 큰 목소리가 중요한 게 아니에요. 제일 중요한 것은 자기 생각이에요. 비록 오늘은 목소리가 작아서 옆 친구에게만 들렸을지 모르지만, 내일은 뒷자리 친구에게도 들릴 수 있을지도 몰라요. 그리고 계속 발표하다 보면 교실 맨 끝에 앉은 친구에게도 목소리가 잘 들리게 발표하는 날이 올 수 있어요. 포기하지 않으면 되는 거예요. 그러니까 발표를 잘 못했다고 너무 걱정하지 마세요. 나중에 잘 할 수 있어요. 연습하다 보면 됩니다. 그리고 '다 함께 말하기'로 발표할 때 큰소리로 말하기 연습부터 해보세요. 그러다 보면 목소리가 나중엔 크게 나올 수 있을 거예요."

내가 말을 하면서 보니 자신의 발표 목소리가 잘 안 들린다는 말을 들어 속상했던 아이 얼굴이 조금 밝아졌다. 별로 대단한 말도 아닌데 아이에게 위로가 된 것 같아 나도 기뻤다.

〈다 같이〉

오늘 날짜를 말해볼까요?
다 같이
3월 30일 수요일입니다.

우리 '안녕' 노래를 불러봅시다
다 같이
안녕하세요, 선생님!
안녕, 친구야!

이 책의 제목을 읽어볼까요?

다 같이

틀려도 괜찮아!

이렇게

다 같이 말하면 갑자기 목소리가 커지고

갑자기 웃음소리도 커지고

갑자기 신나는 기분이 들지요.

다 같이 말하면 갑자기 가슴이 든든해지고

갑자기 어깨도 쫙 펴지고

갑자기 다 잘할 것 같아지지요.

다 같이 말하면

가슴 속에 울트라파워가 솟아나지요.

친구의 응원

몇 년 전, 내가 담임을 맡았던 반은 유독 여자아이들이 남자아이들보다 많았다. 그래서인지 우리 반 남자아이들은 소란을 피우며 놀기보다는 자리에 앉아서 차분하고 질서 있게 놀았다.

그중 한 남자아이는 행동이 옛날 선비처럼 의젓하고 몸가짐이 늘 단정했다. 1학기 초에는 말수가 너무 적어서 학교에 잘 적응하지 못하면 어쩌나 걱정이 되기도 했지만, 2학기가 되자 친구들과 말도 잘하고 잘 어울려 지냈다. 아이는 삐쩍 마른 몸 때문에 언뜻 보면 약해 보였지만 보기와 달리, 달리기가 빠르고 공차기도 잘했다. 게다가 리더십도 있어서 친구들과 어울릴 때는 주도적인 역할을 하곤 했다.

어느 날, 그 아이가 옆 반 선생님 손을 잡고 교실 앞문으로 들어왔다.

"무슨 일이세요, 선생님?"

"아이고, 선생님! 얘가 우리 반 교실 뒤편에 와서 자꾸 우리 반 성현이를 불러내더라고요. 수업도 안 끝났는데. 그런데 그 모습이 귀여워서 우리 반 하자고 했더니 놀라서 울어버리네요. 내가 미안하다고 하고 달래줬어요."

아이는 옆 반 선생님 손을 꼭 잡고 있었다. 다행히 진정됐는지 눈물을 보이지는 않고 있었다.

"그랬군요. 감사합니다, 선생님. 제가 얘기해 볼게요."

나는 다정하게 아이 손을 잡고 물었다.

"찬영아, 5반에 친한 친구가 있어?"

"네, 우리 아파트 같은 동에 사는 친구예요."

찬영이는 동그란 눈을 사슴처럼 예쁘게 반짝이며 말했다.

"아하, 그렇구나."

나는 찬영이 머리를 쓰다듬어주고 자리로 돌려보냈다.

그날 오후 1학년 연구실에서 옆 반 선생님이 다시 찬영이 얘기를 꺼내시며, 자기 반 성현이와 쉬는 시간에 자주 복도에서 논다고 말씀하셨다.

"둘이 진짜 친한가 봐요."

"그런데 우리 반 성현이는 씩씩하고 당찬 면은 좋은데 공부를 안 해요. 지난번 받아쓰기에서 1개 맞아서 읽고 쓰기 숙제를 따로 내줬어요. 그런데 더 문제는 가끔 욕을 하는 거예요. 부모님도 고쳐보려고 하셨는데 잘 안 된다고 하시고, 내가 얘기해도 잘 들질 않네요. 에고, 쉽지 않네요."

"그래요? 우리 반 찬영이는 아주 모범적인 아이예요. 욕은 하지 않고요. 받아쓰기 숙제도 열심히 해와요."

동료 선생님의 얘기를 듣고 나는 찬영이가 조금 걱정되었다. 혹시 찬영이가 옆 반 아이랑 친하게 지내다가 그 아이의 나쁜 언어 습관을 배우지 않을까 걱정이 됐기 때문이다.

아니나 다를까, 며칠이 지난 후 찬영이 어머님께서 교우 관계에 관해 내게 상담을 요청하셨다. 아무래도 찬영이와 성현이와의 문제인 것 같았다. 예상은 적중했다. 찬영이 어머님께서는 찬영이가 요즘 화가 날 때 나쁜 언어 표현을 쓴다고 고민을 털어놓으셨다.

"우리 아파트 같은 동에 사는 성현이라는 아이와 친해지더니 그러는 것 같아요."

"그래요, 어머님. 찬영이가 성현이를 많이 좋아하나 봐요."

"네, 그런 것 같아요. 근데 저는 그 아이랑 안 놀았으면 좋겠거든요. 그렇다고 찬영이에게 그런 말을 할 수도 없고요. 그래서 선생님을 찾아왔어요."

"잘 오셨어요, 어머님."

교사이기 전에, 나 또한 자식을 키우는 부모의 입장이라 어머님의 걱정이 충분히 이해되었다. 그렇다고 1학년 자녀에게 친구를 가려서 사귀라고 말하고 싶지는 않으신 부모님의 조심스러운 마음도 느껴졌다.

"어머님, 제게 시간을 좀 주시겠어요? 제가 찬영이와 좀 얘기해 볼게요. 어머님께서는 별다른 얘기는 하지 말고 조금 기다려주시면 좋을 것 같아요."

찬영이 어머님께서는 나를 믿고 우선 내가 하자는 대로 해보기로 하고 가셨다.

다음 날 아침, 찬영이는 일찍 학교에 와서 늘 그렇듯이 책을 꺼내 책상 위에 펴고 바른 자세로 읽기 시작했다. 나는 찬영이 옆으로 가서 슬쩍 물었다.

"찬영아, 요즘도 성현이랑 잘 지내지?"

"네. 쉬는 시간마다 복도에서 만나서 얘기하고 놀아요. 학교 끝나고도 같이 놀아요."

찬영이는 자기 친구 얘기에 기분이 좋은지 씩 웃으며 말했다.

"그런데, 만약 친구가 욕 같은 나쁜 말을 하면 어떻게 해야 할까?"

찬영이는 책을 내려놓고 나를 바라봤다.

"선생님은 말이야, 나쁜 말을 자주 하면 안 된다고 생각해. 너도 그래?"

"네."

"그런데 친한 친구가 욕을 하면 넌 어떻게 할 거야?"

"모르겠어요."

"있잖아, 선생님 생각에는 친구에게 이렇게 말하면 좋을 것 같아. '친구야, 욕을 하면 안 돼. 욕은 나쁜 거야. 너랑 좋은 친구가 되고 싶은데 네가 자꾸 욕을 하면 우리는 좋은 친구가 되기 어려워. 그러니까 앞으로는 욕 쓰지 마.' 이렇게 말해주면 어떨까?"

찬영이는 아무 말도 하지 않고 고개만 몇 번 끄덕였다. 문득 내가 너무 아이의 사생활에 깊이 파고든 것은 아닌지 찬영이 눈치가 보였다. 혹시 베스트프렌드인 성현이에 대해 내가 나쁘게 말했다고 생각해서 기분이 상한 건 아닐까 하는 걱정도 됐다.

그날 찬영이는 쉬는 시간에 옆 반에 놀러 가지 않았다. 그리고 며칠이 지났다. 그 사이에 찬영이는 매일은 아니었지만, 가끔 쉬는 시간에 복도로 가서 성현이와 놀았다. 그때마다 나는 찬영이를 보고 씽긋 웃어주었다.

그렇게 얼마의 시간이 흐르고, 어느 날 오후에 찬영이 어머님으로부터 전화가 왔다.

"선생님, 요즘 찬영이 학교생활은 어떤가요?"

"네, 어머님. 학교생활은 늘 훌륭하게 잘하고 있죠. 집에서도 잘하고 있지요?"

"네, 선생님. 요즘은 우리 애가 욕을 쓰지 않네요. 성현이랑 안 노는 건 아닌 것 같은데 말이에요. 이게 다 선생님 덕분인 것 같아요. 감사해요, 선생님."

"아, 그래요? 정말 다행이네요. 그런데 제가 한 건 하나도 없는데, 무슨 일이 있었는지 모르겠네요."

"저도 찬영이한테 물어보진 않았는데, 아무튼 좋아져서 다행이에요."

"정말 그렇네요, 어머님. 참 잘 됐습니다."

나는 전화를 끊고 성현이와 찬영이 사이에 무슨 일이 있었는지 궁금해졌다. 의문은 그날 학년 연구실에서 옆 반 선생님을 만난 후 바로 풀렸다.

옆 반 선생님 말씀은 갑자기 성현이가 욕을 쓰지 않길래 훌륭하다고 칭찬해줬더니 성현이가 말하길, 찬영이가 서로 좋은 친구가 되려면 욕을 쓰지 않았으면 좋겠다고 했고, 그래서 성현이가 앞으로는 욕 쓰지 않을 거라고 말했다고 한다. 옆 반 선생님께서는 그 말을 전하며 우리 반 아이를 칭찬했다.

"그 반 찬영이 정말 똘똘하고 훌륭해요!"

놀라운 일이었다. 친구의 힘이란 이런 것일까? 부모와 담임교사가 고치기 어려웠던 아이의 나쁜 언어 사용 습관을 친구가 고쳐 주었다니! 친구를 바르게 고쳐 주겠다는 우리 반 찬영이도, 친구가 고쳐 달라고 하니까 기꺼이 고친 옆 반 성현이도 모두 대단하고 기특했다.

아이들에게 친구는 이렇게 큰 힘을 발휘하는 존재다. "친구 따라 강남 간다"는 말처럼, 친구의 존재는 아이들에게 큰 영향을 끼친다. 그만큼 친구가 소중하기 때문이다.

물론 겨우 1학년 아이들이 그 정도로 강한 우정의 감정을 가질까 하고 의문을 품을 수도 있다. 그러나 친구를 대하는 정도의 깊이에 나이는 상관없다. 1학년 아이들도 깊은 우정을 나눌 수 있다.

많은 부모가 아이들의 교우 관계 때문에 고민한다. 혹시나 따돌림이나 괴롭힘을 당하지 않는지 늘 노심초사한다. 왕따와 학교 폭력에 관한 문제가 심각한 지금의 현실을 볼 때 부모의 걱정은 당연하다.

그런데 걱정이 지나쳐서 아이에게 '이 친구를 만나라, 저런 친구는 만나지 마라'는 식의 참견은 솔직히 별로 도움이 되지 않는다. 특히 아이들 사이가 이미 끈끈한 관계라면. 또 부모와의 관계에서 늘 명령식 대화만을 했던 가정에서 자란 아이는 오히려 반발심을 가질 수도 있다.

좋은 부모는 자녀를 사랑하는 만큼 자녀의 친구들도 소중히 대해주고 존중해준다. 부모가 그런 마음을 가질 때 부모와 자녀 사이에 사랑과 믿음은 더욱 깊어진다.

"넌 좋은 아이니까, 넌 분명히 좋은 친구들을 잘 사귈 수 있을 거야. 혹시 안 좋은 친구가 있다면 넌 분명 그 친구가 좋아질 수 있도록 변화시킬 수 있을 거야. 그 친구는 너로 인해서 더 좋은 사람이 될 거야."

자녀에게 이렇게 말해주면 아이는 자신이 꽤 괜찮은 사람이라고 스스로를 신뢰한다. 자기 삶에 긍정적 마인드를 갖게 되어 일상에 자신감과 주도성을 갖고 생활할 수 있다.

하지만 어른들이 아이들의 친구 관계를 판단해서 맺고 끊어버린다면 아이는 그 안에서 상처를 입을 수 있다. 부모가 자신을 무시한다고 생각할 수도 있다. 어른의 잣대로 아이의 친구 관계를 재단하면 안 된다.

물론 복잡한 세상을 살아가는 우리 어른들의 친구 관계는 계산적일 때가 많다. 도움을 주고받을 수 있는지, 이익이 있는지와 같은 계산이 뒤따르는 걸 자주 본다. 아이들보다 못한 행동이다. 아이들은 자기보다 못해도 잘 어울리며 논다. 그리고 함께 더 성장하고 더 좋은 방향으로 커가자고 서로에게 동기부여해준다.

성현이와 찬영이의 일은 나에게 진정한 친구에 대한 의미를 다시 생각해 보게 해주는 계기가 되었다.

〈해볼게〉

난 보드게임 싫어
맨날 나만 져
머리를 쓰는 게 힘들단 말야
그런데
옆집 사는 동호가 놀러 와서
보드게임을 하재
"그래! 좋아!"
난 동호를 좋아하니까
보드게임에 져도 좋아

난 받아쓰기 시험이 싫어
맨날 빵점이라 싫어
받침을 외우기 힘들단 말야
그런데
앞에 앉은 민지가 날 보고
받아쓰기를 집에서 다섯 번 외워 보래

"그래! 좋아!"

난 민지가 좋으니까

집에서 다섯 번 외워볼 거야

친구가 해보라면

왠지 어려울 것 같지 않아

친구가 해보라면

왠지 나도 할 수 있을 것 같아

친구가 해보라면

뱃속에서 힘이 솟고

입안에서 콧노래가 나와

친구가 해보라면

해볼 거야

친구, 친구, 친구

어느 날 아침, 교실에서 새침한 여자아이와 우직한 남자아이가 아침부터 아우성이었다. 무슨 일인지 빨개진 얼굴로 아이들은 열 띤 토론 중인 듯 보였다. 가만히 보니 화제는 둘 사이가 친구인가 아닌가 하는 것이었다. 여자아이는 남자아이와 친구가 아니라고 강하게 말했다.

"내가 너랑 맨날 같이 놀진 않잖아. 그러니까 친구가 아니라고."

남자아이 또한 여자아이만큼 목소리를 높여 말했다.

"아니지. 같은 반이니까 친구지. 반 친구라고!"

그 말에 여자아이는 귀찮은 표정으로 더는 대꾸하고 싶지 않아 보였다. 하지만 남자아이는 여자아이의 말이 못내 섭섭하고 아쉬워 보였다. 다시 남자아이가 말했다.

"야, 엄마가 학교 가면 친구랑 사이좋게 지내라고 하지? 그러니까 친구라고."

"내 말은 그런 친구를 말하는 게 아니야."

여자아이는 지쳤는지 고개를 휙 돌려버렸다.

나는 멀리서 지켜보고만 있다가 슬금슬금 아이들 곁으로 다가갔다. 아이들의 대화에 무턱대고 끼어드는 건 좋은 일이 아니지만, 혹시 이런 상황이 다툼으로 이어질까 조심스러웠다.

그런데 내 뒤에서 다른 여자아이가 불쑥 한마디 했다.

"미소야, 봐봐. 우리 책상이 다 같지? 선생님도 같지? 학교도 같잖아? 그러니까 우린 다 친구야."

그 여자아이는 책상을 하나하나 짚어가며 또박또박 말했다. 그 행동에 나는 웃음이 터져 나왔다. 다행히 아이들이 내가 자기들의 대화에 빠져 있어서인지 나를 신경 쓰지 않았다.

또 다른 남자아이가 와서 한마디 보탰다.

"맞아, 맞아. 급식실도 같지! 보건실도 같지! 책도 같고, 초록 파일(학습지 모음 파일)도 같지!"

그 남자아이는 '같지'라는 말을 할 때마다 두 손을 마주치며 유쾌하게 말했다. 주변에 있던 아이들이 모두 재미있어하며 그걸 따라 했다. 나는 또 크게 웃어버렸다. 새침한 여자아이도 깔깔깔 웃으며 기분이 풀어졌다.

"그래. 같은 거 많네! 그래, 친구다! 됐지?"

이렇게 아이들의 친구 여부 가리기 대화는 끝이 났다.

나는 이날 친구가 되는 새로운 조건을 아이들로부터 배웠다. 같은 학교에 다니고 같은 교실을 쓰면서 같은 선생님에게 배우면 다 친구가 된다는 아이들의 말. 정말 멋진 말이다. 친구가 별것인가? 내 옆에서 많은 시간을 보내면 친구가 될 수 있다. 내가 숨 쉬는 공기가 그 친구가 숨 쉬는 공기와 같으니 그와 나는 친구가 될 수 있다. 아이들이 생각하는 친구의 조건은 까다롭지 않다. 얼마나 넉넉하고 여유로운 사고인가!

그에 비해 요즘 어른들은 사람을 너무 가린다. 나에게 이익이 되지 않으면 인간관계를 맺지 않으려는 이해타산적인 어른들이 너무 많다. 그런 어른들은 우리 반 아이들로부터 좀 배울 일이다.

요즘 우리 반 아이들을 보고 있자면, 내가 아이들을 가르치는지 아이들이 나를 가르치는지 간혹 헷갈린다. 학습을 담당하고 있는 것은 선생님인 나지만, 아이들의 마음을 건강하고 튼튼하게 키워주는 것은 내가 아니라 아이들 스스로인 것만 같다.

오늘도 우리 반 아이들은 다른 아이들과 함께 어울려 아름답게 커간다. 모두가 더욱 돈독한 친구 사이가 되어 간다. 사이 좋은 우리 반 아이들을 보면서 친구들에게 소식을 자주 전하지 못하는 나를 반성한다. 가끔은 우리 반 아이들의 정체가 수상하다. 혹시 못된 나에게 앞으로는 착하게 살라고 보내신 천사들이 아닐까?

〈그러니까 친구〉

같은 책상 24개, 같은 의자 24개

같은 교실, 같은 선생님

같은 급식실, 같은 보건실

같은 운동장, 같은 놀이터

같은 소나무, 같은 느티나무

같은 "안녕하세요."

같은 "안녕히 계세요."

이렇게 우리는 많은 게 같잖아

그러니까 친구지

그러니까 친구야!

동병상련

3월 3일은 1학년 첫 수업을 시작하는 날이다. 입학식이 있는 2일이 겨우 두 시간 남짓의 짧은 만남이었다면, 3일은 본격적으로 아이들과 내가 함께 눈맞춤을 실컷 하는 날이다. 서로가 알아가기 시작하는 설렘의 시간이 시작되는 것이다.

첫 수업이 시작됐다. 스물여덟 명의 반짝이는 시선. 나를 바라보는 아이들의 눈은 늘 진지하다. 엄청난 몰입 상태다. 나는 아이들의 이름을 하나하나 부르며 눈을 맞춘다. 아이들의 눈빛은 불안, 긴장, 초조다. 출석을 확인하는 것일 뿐인데도 그렇다. 어떤 아이들은 목소리가 덜덜 떨리기도 한다.

이럴 때 아이들의 마음은 어떨까? 어제 처음 본 선생님이 내 이름을 부르고, 나에게 눈맞춤을 한다면? 사실 조금은 부담스러울 것이다. 무서울 것 같기도 하다.

유치원과는 다르게 초등학교는 모든 게 복잡하고 크고 낯설다. 아침에 등교해서 운동장 옆을 지나 교실 앞까지 들어오는 길도 멀고 길게 느껴졌을 것이다. 어린이집이나 유치원은 아담하고 포근한 분위기로 조성되어 있는데, 초등학교는 그에 비해 상당히 삭막하고 딱딱하다. 책상도 칠판도 따뜻하고 포근한 이미지와는 거리가 멀다.

입학 초기에는 집에 가고 싶어서 우는 아이들이 흔히 있다. 교실이라는 낯선 곳에서 혼자 남아버렸다는 두려움에 아이는 자리에 앉아 눈물을 뚝뚝 흘리는 경우도 많다. 이런 모습을 볼 때마다 내가 잘 달래고 다독여주지만, 어느 정도 시간의 힘이 필요한 부분이라 쉽게 나아지진 않는다.

그런데 이때 담임선생님보다 더 큰 힘을 발휘하는 건 같은 반 아이들이다. 몇 해 전, 3월 입학 첫 주에 있었던 일로 기억한다. 한 남자아이가 1교시 수업을 시작하려고 하자 갑자기 '앙' 하고 울음을 터트렸다.

"다훈아, 왜 울어? 어디 아파?"

"…"

아이는 말없이 나를 바라보며 왕방울 같은 눈물을 주루룩 흘렸다. 마음이 급해졌다. 얼른 아이를 달래야 하는데, 어떻게 해야 하나 막막했다. 우선 우는 원인을 알아내야 할 것 같았다. 혹시 다른 아이랑 다툼이 있었는지, 아니면 어디가 아픈지 정확히 알아내는 게 중요했다.

"아픈 건 아냐?"

"…"

"그럼 누가 때렸어?"

"…"

둘 다 아니었다. 머리에 손을 얹어보니 열도 없었다. 그럼 설마? 나는 혹시나 하는 마음으로 다훈이 귀에 대고 작은 소리로 물었다.

"엄마 보고 싶어?"

다훈이는 느릿느릿 고개를 끄덕였다.

'아, 그렇구나!'

다훈이는 낯설고 불안함에 엄마가 보고 싶었나 보다. 나는 아이의 감정과 마음 상태를 우선 수용하는 게 중요하다고 생각했다.

"그래, 이해해. 선생님도 그 마음 알아. 선생님도 1학년 때 엄마가 보고 싶다고 혼자 몰래 교실에서 많이 울었었거든. 선생님은 어른이 되어서도 엄마 보고 싶어서 운 적 많았어."

다훈이는 내 말에 눈이 커지더니 울음이 잦아들었다. 효과가 보이는 것 같았다.

그때 옆에 있던 남자아이가 말했다.

"선생님도 울보였어요?"

울보? 그 말에 울음이 그쳐가던 다훈이는 다시 울기 시작했다. 다훈이는 옆 아이가 자신을 울보라고 놀린다고 생각했다. 난감했다. 어떻게 아이를 달래야 하나 고민하는 순간, 다훈이 뒤쪽에 앉아 있던 한 아이가 다가왔다. 그리고 다훈이 책상에 손을 짚고 얼굴을 다훈이에게 가까이 대며 말했다.

"울지 마, 우리 엄마가 4교시 끝나면 교문 앞에 온대. 너희 엄마도 아마 같이 올걸? 조금만 기다려 봐."

"..."

"나도 어제 울고 싶었는데 참았어."

그 아이는 다훈이가 우는 마음을 충분히 이해한다는 듯 어깨를 토닥이며 말했다. 그러고는 조용히 자기 자리로 돌아갔다.

귀여운 녀석! 이런 게 동병상련이란 거구나! 기특하고 감동적이었다. 나는 아이의 진심 어린 행동이 아름답게 보여 저절로 미소가 지어졌다. 하지만 진지한 아이 앞에서 웃으면 안 될 것 같아 꾹 참았다.

지켜보던 반 아이들이 여기저기서 다훈이 주변으로 몰려왔다. 그리고 다훈이를 위로하고 달래줬다. 그렇게 다훈이는 눈물을 멈췄다. 그 뒤로 다훈이는 한 번도 엄마가 보고 싶다고 울지 않았다. 친구들의 위로 덕분에 엄마가 보고 싶은 마음을 잘 극복해낸 것이다.

아이들은 힘이 세다. 특히 똑같은 어려움을 겪고 있는 아이들은 더욱더 서로의 마음을 진심으로 위로해 주며 어려움을 이겨낸다. "하나는 약하지만 여럿은 강하다"는 말을 우리 반 아이들이 나에게 보여주었다.

그 후 나는 1학년 아이들이 학교에 와서 적응하는 데 어려움을 겪을 때마다 자주 다른 아이들의 힘을 빌리고 있다. 한 아이의 어려움을 다른 아이들도 겪어봤기 때문에 아이들은 누구보다 서로의 마음을 잘 알고 달래준다.

아이들은 나무처럼 자란다. 나무 한 그루가 혼자 자라는 것보

다 옆에 나무가 있을 때 더 잘 자라는 것처럼, 아이들은 서로의
어깨가 되어주며 오늘도 즐겁게 커간다.

〈동병상련〉

첫 수업이 시작될 때
처음 보는 선생님, 처음 보는 친구들

집에 가고 싶어져요
선생님이 이름을 부를 때
엄마가 보고 싶어서 가슴이 쿵쿵해요
목소리가 라면처럼 구불구불해지고요

엄마, 엄마
그때 옆에 친구가 엄마 보고 싶다고 울어요
울지 마, 우리 엄마가 끝나면 오신대
너희 엄마도 오실 거야

어? 목소리가 짝 펴졌어요
어? 가슴이 조용해요

가족 소개

　새 학년이 시작되면 아이들은 새로운 교실에서 새로운 친구들을 만난다. 같은 반이 된 아이들은 그냥 시간이 지나면 자연스럽게 친해지지만 나는 아이들이 더욱 빨리 친해지기를 바라는 마음에 자기 소개하기 활동을 꼭 한다.

　자신을 소개할 때는 주로 취미나 특기, 좋아하는 것들에 대해 말한다. 1학년 아이들은 취미나 특기, 장래 희망 같은 말은 잘 이해하지 못한다. 그래서 좋아하는 음식, 노래, 연예인, 캐릭터, 가족 등 아이들이 쉽게 떠올릴 수 있는 내용을 소개하는 게 좋다. 자기 소개하기는 여러 번에 나눠서 한다. 여러 사람 앞에서 경험을 쌓기 위해서다.

　처음은, 자기 이름과 좋아하는 음식 소개하기를 먼저 한다. 누구나 자기 이름이나 좋아하는 음식은 준비 없이 바로 얘기할 수 있으므로 첫 번째 순서로 한다.

　그 다음으로는, 좋아하는 노래와 연예인 소개하기를 한다. 이때 끼가 있는 아이들은 직접 춤이나 노래를 선보인다. 발표한다는 긴장감으로 다소 얼어있던 분위기가 순식간에 사르르 녹아 화사한 기운이 감돌기 시작한다. 아이들도, 나도 이 두 번째 소개하기 시간을 참 좋아한다.

　마지막으로는, 가족의 이름을 소개하기 시간이다. 사랑하는 부모님 성함을 또박또박 읽으며 다른 친구들에게 잘 알려주는 게 이 활동의 중요한 목표다.

그런데 자기 소개하기 활동 마지막, 즉 가족 소개하기를 할 때였다. 나는 며칠 전에 아이들에게 가족을 그림으로 그리고, 가족들 이름을 써오라고 과제를 냈다. 아이들은 차례대로 나와서 내 책상에 놓인 실물화상기에 자신이 준비한 가족 소개 과제를 보여주며 발표했다.

"자, 이번에는 소연이가 나와서 가족을 소개해주세요."

소연이는 '올 것이 왔구나' 하는 표정으로 앞으로 걸어 나왔다. 소연이의 얼굴에 긴장감이 흘렀다.

나도 살짝 긴장했다. 왜냐하면 소연이는 엄마는 없이 아버지와 동생 둘과 함께 살고 있었기 때문에 이 활동이 혹시 마음에 상처가 되지는 않을까 걱정스러웠다.

"우리 가족을 소개하겠습니다. 우리 가족은 모두 5명입니다. 우리 아빠 이름은 ○○○, 우리 엄마 이름은 ○○○이고, 내 동생은 ○○○, ○○○입니다."

소연이의 목소리는 작고 가늘게 떨렸다. 소연이는 지금 거짓말을 하고 있었기 때문이다. 소연이는 엄마와 같이 살고 있지 않은데 엄마랑 함께 사는 것처럼 얘기하고 있으니 마음이 불편하고 불안하고 무서웠을 것이다. 소연이 목소리가 정상적일 수 없었다.

발표를 마친 소연이의 얼굴은 붉게 변했다. 나는 빨갛게 달아오른 아이의 얼굴만큼 소연이가 자신의 가족에 대한 현재 상황을 다른 아이들에게 들키고 싶지 않아 한다는 걸 알 수 있었다. 자기 자리로 돌아가는 소연이의 표정은 시무룩했다.

소연이는 속상했다. 소연이는 거짓말한 자신이 미웠을지 모른다. 그런 자신의 상황에 화가 났을지도 모른다. 소연이는 다른 친구와 뭔가 다른 게 있다는 걸 단지 숨기고 싶었을 뿐이었다. 남들에게 안 보여주고 싶은 것, 들키고 싶지 않은 것이 누구나 있는 것처럼, 가족 이야기가 소연이에게는 그런 것이었다.

소연이는 자리에 앉아서 애써 태연하게 앞을 바라봤다. 그리고 나와 눈이 마주쳤다. 아이의 눈에서는 선생님에게조차 들키고 싶지 않은 마음이 보였다.

평소 소연이는 개구쟁이였다. 재잘재잘 참새처럼 말이 많고 까르르 곧잘 웃는 밝은 미소 천사였다. 그런데 그날의 소연이는 달랐다. 그런 소연이가 안타깝고 가슴이 아팠다.

나는 소연이를 위해 뭔가를 해주고 싶었다. 차갑게 풀이 죽은 소연이를 다시 생기 넘치는 원래 모습으로 되돌려 놓고 싶었다. 하지만 어떻게 해야 할지 몰랐다.

'내가 소연이라면 지금 선생님에게 가장 원하는 게 뭘까?'

소연이 입장이 되어 생각해 봤다. 답이 금방 나왔다. 소연이를 그냥 모른체해주는 것이다. 지금 소연이가 가장 원하는 것은 그냥 타인에게 자신의 가족 사항을 들키고 싶지 않은 것, 그거 하나쁜이다.

"네. 잘했습니다. 소연이가 가족의 웃는 얼굴을 아주 밝게 표현했네요. 잘했습니다."

나는 소연이에게 가족 소개 내용보다는 그림의 표현을 칭찬해주었다. 하지만 소연이는 그 시간 내내 어두운 얼굴이었다. 나도 소연이처럼 즐겁지 않았다.

학교가 끝나고 하교 인사를 나누며 교실 앞에서 나는 소연이와 눈이 또 마주쳤다. 아이에게 무슨 말이라도 걸고 싶었다. 그런데 소연이 표정은 그게 아니었다.

'선생님, 기다려주세요. 지금은 말하고 싶지 않아요. 나중에 솔직히 말해줄게요.'

소연이 눈빛은 분명히 그렇게 말하고 있었다.

나는 기다리기로 했다. 그리고 지금도 기다리고 있다. 다만 아이가 너무 오래 생각하지 않기를 바란다. 친구들과 선생님을 속였다는 것을 너무 오래 마음 아파하지 않았으면 좋겠다.

1학년은 그냥 1학년이다. 천진난만하고 좌충우돌하며 보내는 하루하루가 즐겁고 신나고 웃기는 일이 넘치는 시기다. 하지만 그런 아이에게도 들키고 싶지 않은 마음이 있다. 남들이 몰랐으면 하는 것들이 하나씩은 있다.

아이들이 말하고 싶지 않을 땐 강제로 말하도록 하지 않아야 한다. 제아무리 학교 선생님이어도 아이가 드러내고 싶지 않은 건 먼저 들춰내지 않아야 한다. 그렇지 않으면 그 순간 모든 것은 아이에게 폭력이 될 수 있다.

어른이 할 수 있는 건 그 마음이 그냥 자연스럽게 밖으로 나올 때를 기다려주는 것이다. 어른들은 항상 아이와 함께 있어 주면 된다. 그러다가 아이가 털어놓고 싶어할 때, 이야기 나누고 싶다는 신호를 보낼 때 가만히 손을 잡아주고 잘 들어주면 된다.

어른의 역할은 그렇게 특별하지 않다. 그렇게 어려운 것도 없다. 아이들도 어른들에게 어려운 걸 요구하지 않는다. 아이가 속마음을 솔직하게 털어놓을 때까지 차분한 자세로 기다려주면 된다.

나는 가끔 그런 상상을 한다. 내 마음에 나무를 심는다는 생각. 아이의 속마음이 궁금할 때 내 마음에 나무를 심는다. 상상 속에서 나무는 한 그루, 두 그루… 점점 늘어난다.

어느 날, 마음이 무거운 아이가 찾아와 그 나무 그늘을 쉼터 삼아 쉬어간다. 나무가 더 늘어가서 숲이 우거지면 아이는 숲속을 거닐며 중얼중얼 흥얼흥얼 속마음을 풀어낸다. 나는 든든한 나무가 되어 아이의 마음을 조용히 들어준다.

〈나무를 키울게〉

네 마음을 알고 싶을 땐
내 마음에 나무를 심어

네가 꽃 냄새를 맡고 새소리를 들으며 나에게 올 수 있게

한 그루, 두 그루
마음에 나무를 더 키워볼 거야
너는 나무 주위를 맴돌며
냄새 맡고, 안아보겠지

다섯 그루, 열 그루
마음에 나무를 늘려갈 거야
네가 흥얼흥얼 노래를 부르며 숲속을 거닐어보게

나무는 울창한 숲이 되고
훈훈한 숲 바람이 네 마음속 단단한 얼음을
사르르 녹여줄 거야

물어봐 주기

우리 반에 유독 화장실에 자주 가는 아이가 있다. 그 아이가
나에게 와서 들리지 않는 목소리로 뭐라고 이야기하는데 처음에
는 그 말을 알아듣지 못해서 답답했다. 두세 번 물어본 후 급기야

나는 아이의 입가에 내 귀를 바짝 대고 들어보았다.

"화장실에 가고 싶어요."

아이는 소변이 마려웠다. 1학년 아이들은 아직 쉬는 시간에 딱 맞춰서 용변을 해결하지 못한다. 특히 초등학교에 적응해야 하는 스트레스 상황에서 예민한 기질의 아이는 더욱 그런 증상이 나타나기 쉽다.

나는 이 아이도 다른 아이처럼 쉬는 시간을 잘 못 맞추는 경우이려니 하고 생각했었다. 그런데 횟수가 너무 잦았다. 혹시나 아이가 높은 긴장감이나 스트레스로 인해 빈뇨 증상을 보이는 것은 아닐까 염려했다.

며칠 동안 면밀히 아이를 관찰했다. 유심히 살펴보니, 아이는 짝이나 다른 아이들과 경쟁하거나 겨루는 게임을 한 후에 화장실을 갔다.

'아! 이거였을까?'

나는 게임이 아이에게는 스트레스일 수도 있겠다고 생각했다.

아이는 평소 교실에서 크게 웃거나 자신의 마음을 친구에게 솔직하게 이야기하는, 소위 말하는 적극적이고 활동적인 성격은 아니다. 조용히 앉아서 자기 할 일을 하거나 담임선생님인 내가 설명하는 것을 잘 보며 집중하는 아이였다. 그러다 보니 경쟁이나 승부와 같은 불편한 상황이 소변을 자주 보고 싶게 했던 거다.

나는 수업 시간에 게임 학습 상황 속에서 그 아이를 좀 더 집중적으로 지도했다. 예를 들면 이런 식이다.

"승민이가 지금 지는 상황이야? 어, 좀 속상하겠는데. 승민이 괜찮아?"

"승민아, 친구가 너무 잘해서 선생님 같으면 지금 잔뜩 약 오르겠는데? 넌 안 그래?"

"승민아, 자꾸 가위바위보에 져서 화가 날 것 같은데. 괜찮니?"

나는 의도적으로 '괜찮아?', '괜찮니?'와 같은 질문을 하며 승민이의 마음 상태를 알아보려고 했다. 게임에 지는 상황, 뭔가가 잘 안 되는 상황에서 속상하고 화나고 약이 오르는 건 아주 자연스러운 감정이라는 걸 아이에게 알려주고 싶었다. 그러면서 아이 스스로 자신의 감정 상태를 파악하여 스트레스를 조금 가볍게 여길 수 있는 용기와 긍정적 에너지를 얻기를 바랐다.

그러나 승민이의 빈뇨 증상이 쉽게 사라지진 않았다. 다만 지금은 아이가 게임과 같은 경쟁 상황에서 예전보다는 좀 더 밝고 씩씩하게 대처하는 모습을 보며 빈뇨 증세는 금방 사라질 수 있을 거라 믿고 기다리고 있다.

어떤 사람들은 아이가 너무 예민해서 그런 거라며 가볍게 생각할 수도 있다. 그러나 스트레스가 마음에 문제를 일으키고, 마음의 문제가 신체적 증상으로 나타나고 있다면 절대 쉽게 생각할 문제가 아니다.

아이들은 학교에서 하는 것이라면 무엇이든 잘하고 싶은 마음이 크다. 선생님과 친구들에게 늘 멋진 모습을 보이고 싶어 한다. 그런데 그 마음이 스트레스가 되어 아이를 힘들게 할 수도 있다. 그럴 땐 어른들이 아이의 마음을 살펴봐 줘야 한다.

아이의 마음을 천천히 들여다보면, 그리고 아이 스스로 자신의 마음 상태를 되돌아보고 용기 있게 마주할 수 있게 옆에 있어 준다면 아이들은 어렵지 않게 이겨낼 수 있다. 방법은 쉽다. 그냥 아이에게 물어봐 주면 된다.

"괜찮니?"

"괜찮아? 내가 좀 도와줄까?"

이렇게 물어봐 주는 것만으로도 아이는 자신의 옆에 든든한 어른이 있음을 알고, 힘들고 어려운 문제를 스스로 해결해 나갈 수 있는 에너지를 얻는다.

〈괜찮니? 괜찮아?〉

가위바위보 하다 지면

잡기놀이 하다 잡히면

속상하고 화가 나서

가슴이 쿵쿵

마음이 꽝꽝

그런데

"속상할 것 같아, 괜찮니?"

"화가 날 텐데, 괜찮니?"

괜찮니 주문을 들으면

가슴이 조용조용

마음이 사르르르

신기한 주문 "괜찮니?"

따뜻한 주문 "괜찮니?"

괜찮니는 정말 마법의 주문

말하지 않아도 알 수 있는 것

입학한 지 세 달이 지나도록 말을 거의 하지 않는 아이가 있었다. 아이는 화장실에 가고 싶거나 모르는 문제가 생기면 말없이 내 옆에 와서 가만히 서 있기만 했다. 무얼 물어보면 살짝 고개를 끄덕이거나 아주 작은 목소리로 대답하는 정도로 의사소통했다. 주변 아이들에게 물어보니 평소 친구들과 있을 때도 말을 별로 하지 않는다고 했다.

"그럼 너희들은 어떻게 현빈이랑 대화해?"

"가끔 얘기해요. 근데 현빈이는 잘 웃거든요. 말을 안 해도 웃을 때 무슨 말인지 알겠던데요."

아이들은 현빈이와 충분히 말을 하지 않아도 몸짓과 눈짓, 미소와 약간의 말만으로도 소통이 가능했나 보다.

한 번은 내가 급하게 처리할 일이 있어서 쉬는 시간에 바쁘게 문서를 처리하고 있었다. 한참 컴퓨터 모니터를 뚫어져라 바라보며 일하는 중에 문득 인기척이 느껴져 고개를 돌리니 현빈이가 아무 말 없이 내 옆에 서 있었다.

현빈이는 몸을 꼬면서 다리를 움츠리고 있었다. 소변이 마려워 화장실에 가고 싶다고 말하려고 기다린 눈치였다.

"어머, 언제 여기 있었어, 현빈아? 화장실 가고 싶어?"

"…"

역시 말이 없이 고개만 아주 살짝 끄덕였다.

"조심히 다녀와. 진즉 말하지, 선생님이 빨리 너를 못 봐서 미안해."

나는 급히 현빈이를 화장실로 보냈다. 현빈이의 뒷모습을 보니 다행히 바지에 실수는 하지 않은 것 같았다.

'화장실에 가고 싶었으면 얼른 말하면 좋았을 것을…'

현빈이가 오래 참으며 기다렸을 생각에 안타까운 마음이 들었다. 화장실에 갔던 현빈이는 곧 교실로 돌아왔다.

"괜찮아? 현빈아. 불편한 데는 없어?"

현빈이는 대답 대신 '씩' 부드러운 미소를 지으며 웃었다. 그러고는 자신의 자리로 돌아가서 친구들과 놀았다. 다행이라는 생각으로 그 모습을 지켜 보고 있는데, 갑자기 현빈이가 엉덩이를 실룩실룩거리고, 흔들흔들 개다리춤을 췄다.

'세상에. 현빈이가 저렇게 흥이 넘치는 아이였나?'

지금까지 내가 봐왔던 현빈이의 모습과는 전혀 다른 모습에 나는 깜짝 놀랐다.

왜 현빈이는 그런 모습을 일찍 나에게 보여주지 않았을까? 아니, 나는 왜 현빈이의 엉덩이춤을 이제야 보게 되었을까? 내가 불편해서 현빈이가 내 눈치를 보는 것일까? 화장실에 가고 싶다고 말하지 못하고 내 옆에서 참고 기다린 것도 말하기가 어려워서였나? 나와 현빈이가 그 정도로 친밀감이 없는 사이인가 하는 생각이 들어 속상하기도 하고, 녀석이 얄밉기도 했다.

그러나 서운한 마음은 곧 사라졌다. 현빈이가 다른 아이들과 말을 안 할 뿐이지 사이가 좋지 않다거나 적응하는 데 문제가 있는 것이 아니라는 게 명백해졌기 때문이다. 고민이 하나 해결됐다.

그렇게 몇 주가 지나고, 현빈이 어머님과 상담하면서 나는 현빈이에 대해 자세히 알게 되었다. 현빈이는 어릴 적부터 목소리가 작고 말수도 적었다고 한다. 그래서 부모님께서도 현빈이의 이런 성격 때문에 친구들과 잘 어울리지 못할까 봐 걱정이 많으셨다고 한다.

"다행이네요, 어머님. 현빈이가 원래 그런 성격이라니 이제야 제가 현빈이에 대해 완전히 걱정을 내려놨어요. 저는 현빈이가 저를 싫어하는 줄 알았거든요. 그리고 어머님, 현빈이가 우리 반에서 엉덩이춤과 개다리춤을 제일 잘 춰요! 다른 친구들도 현빈이 춤 잘 춘다고 칭찬하더라고요!"

그날 현빈이 어머님과의 상담 이후 나는 한층 더 현빈이와 친해진 느낌이 들었다.

아이들은 다양한 기질을 갖고 있다. 말수가 적고 행동이 느리게 태어난 아이가 있는가 하면, 반면에 생각보다 말과 행동이 앞서는 아이들도 있다. 무엇이 더 좋은지는 판단할 수 없다. 그러나 아이들 모두 각자의 특성에 맞게 다른 사람과 소통하고 있다는 건 똑같다. 간혹 부모님이나 선생님이 다른 아이들처럼 큰소리로 자신의 의견을 또박또박 말하지 못하고, 자기 생각을 똑 부러지게 전달하지 못한다고 걱정하지만, 그렇게 걱정할 일이 아니다. 때로는 말이 아닌 엉덩이춤이나 개다리춤으로, 가끔은 부드러운 미소로 아이들은 자기의 생각과 의견을 표현하고 있으니까. 그것에 민감하지 못한 우리 어른들이 미처 알아채지 못하는 건 아닐까 되짚어볼 일이다.

〈말하지 않아도 알지〉

등굣길에 만난 친구
반가워서
"안녕?"
'안녕!'
말없이 손을 흔들고
씨-익 웃는다
말하지 않아도 알지
너도 반갑지!

하굣길에 만난 친구
같이 가고 싶어서
"우리 같이 가자."
'그래, 좋아.'
말없이 눈빛만 반짝거리고
씨-익 웃는다
말하지 않아도 알지
너도 좋구나!

2
서로 돕는
아이들

모두 다 같이

올해(2022년) 입학한 1학년 아이들은 다른 해와 달리 유난히 다른 친구들에게 관심이 많았다. 코로나19로 인해 어린이집이나 유치원을 제대로 다니지 못한 아이들이 많아서가 아닐까 싶다. 서로에게 관심이 많았던 만큼 우리 반 아이들은 더욱 빨리 친해졌다.

입학 후 몇 달이 지나지 않은 어느 날, 수업 시간 중에 있었던 일이다. 한 아이가 갑자기 딸꾹질을 했다. 입학한 날부터 우는 아이여서 마음속으로 많이 신경 쓴 아이였다. 당시 아이는 학교에 적응이 덜 되었는지 조금만 당황해도 곧잘 울었다.

"딸꾹!"

아이는 딸꾹질을 또 했다. 나는 아이가 당황하지 않도록 조용히 딸꾹질하는 아이 옆으로 다가가 낮은 목소리로 물었다.

"딸꾹질 나와, 우영아?"

아이는 곧 울음이 터질 것 같은 표정으로 나를 봤다.

"그래, 그렇구나. 우영이 물을 좀 마셔볼까?"

아이는 얼어버린 것처럼 미동도 없이 눈물만 뚝뚝 흘렸다.

"우영이 속상했구나. 선생님도 딸꾹질을 잘하는 편인데, 물을 좀 마시면 나아지더라고. 가방에서 물통 꺼내서 물 좀 마셔보자."

우영이는 가방 속에서 물통을 꺼내 물을 조금 마셨다. 그런데 소용이 없었다. 계속 딸꾹질을 했다.

"딸꾹!"

그 사이에 반 아이들이 우영이와 내 주변으로 몰려들었다. 평소에도 다른 친구들에게 유달리 관심이 많은 우리 반 아이들 아닌가. 반 아이들이 다 같이 우영이의 딸꾹질을 잡겠다고 나섰다.

"우영아, 물 먹어 봤어?"

"물을 더 마셔봐."

몰려든 아이들이 이래라저래라 중구난방으로 말을 하자, 우영이는 당황하고 부끄러워했다.

"애들아, 잠깐만. 우영이가 우리 때문에 정신없겠어."

나는 아이들을 모두 제자리에 앉도록 했다.

"우영아, 딸꾹질 좀 어때? 멈췄니?"

우영이는 고개를 저었다.

그러자 한 아이가 큰 소리로 말했다.

"선생님, 귀를 막으면 딸꾹질 안 한다고 하던데요?"

"그래? 진짜?"

그러자 또 다른 아이가 말했다.

"선생님, 이렇게 몸을 'ㄱ'자로 꺾어서 숨 쉬면 딸꾹질 멈춘대요."

진짜일까? 처음 듣는 말이었다.

"형호야, 정말 그러면 멈춰?"

한 아이가 그 말이 신기했는지 되물었다.

"야, 우영아, 그럼 한 번 해봐!"

아이들은 마치 의사인 양 우영이에게 이렇게 저렇게 해보라며 진지한 몸짓과 표정으로 말했다. 아이들이 주고받는 이야기들로 교실이 소란스러워졌다.

"딸꾹!"

아이들이 다 같이 도와주었지만 우영이의 딸꾹질은 멈추지 않았다.

그때 한 아이가 말했다.

"선생님, 우리 할머니는 제가 딸꾹질하면 꼭 안아주거든요. 그러면 딸꾹질이 멈춰요."

이것도 처음 듣는 방법이었다. 그래도 이 방법은 써봐야겠다고 생각했다. 딸꾹질 때문에 놀란 우영이 마음을 따뜻하게 위로해줄 수 있는 좋은 방법이라는 생각이 들어서였다.

"그래, 좋은 방법일 것 같아. 애들아, 우리 모두 우영이를 안아 줄까?"

아이들은 우르르 몰려나와 우영이를 꼭 안아줬다. 그 모습이 마치 겹겹이 싸인 장미꽃잎처럼 아름다웠다. 마치 향긋한 꽃향기가 나는 듯 황홀했다. 우영이의 볼도 붉은 장미꽃처럼 빨개졌다. 포옹의 열기 때문인지, 아이들의 뜨거운 위로를 받아서인지 발그레한 우영이 볼이 무척 귀여웠다.

"어? 우영아, 딸꾹질 멈춘 것 같은데?"

정말이었다. 반 친구들의 마음 덕분인지 우영이는 포옹 직후 신기하게도 딸꾹질이 멈췄다.

"얘들아, 신기하게도 우영이 딸꾹질이 멈췄어!"

반 아이들은 축제에 온 것처럼 폴짝폴짝 뛰면서 환호했다.

"야! 진짜 신기하다!"

"마법 같은 일이에요, 선생님!"

아이들은 마법이라며 저마다 신기한 듯 큰소리로 즐겁게 소리 쳤다.

정말 마법 같은 일이었다. 딸꾹질을 멈추게 한 게 포옹이 아닐 수 있지만, 시간이 지나면서 그냥 멈춘 것일 수도 있지만 신기하고 놀라운 일이었다.

나는 이날 딸꾹질 에피소드를 통해 우리 반 아이들의 아름다운 마음을 봤다. 서로를 아껴주고, 다른 친구의 어려움을 자기 일처럼 여기고 애써주는 마음. 소중하고 값진 그 마음은 그냥 아름답다는 말밖에 어울리는 표현이 없다.

'주변에 관심을 가져보세요. 어려움을 함께 극복해 보세요. 그러면 마법처럼 그 일이 모두 해결될 거예요.'

그날 아이들은 또 내게 한 수 가르쳐주었다. 남들에게 무신경하고 개인에게만 몰두하며 지내는 요즘 사회에 아이들은 중요한 가르침을 주었다.

〈마법의 포옹〉

"선생님 딸꾹질 나와요."

"그래? 물을 마셔볼까? 어떡하지?"

딸꾹질하는 친구를 돕기 위해

24명 친구들이 나섰다.

"몸을 90도로 꺾어서 이렇게 물을 마셔보면 돼요."

"숨을 참아요."

"가만히 있어 봐야 해요."

"목에 있는 공기를 꺾어야 하는데요."

"몸을 따뜻하게 해줘야 해요. 우리가 안아줘요!"

안아주자, 모두 같이

한 겹 두 겹 겹겹이 에워싸고

떨리지 않게 따뜻하게 단단하게

활짝 핀 장미꽃처럼 향긋하게

끈질긴 딸꾹질이 뚝 끊겼다.

친구들이 안아줘서일까,

친구들 마음이 따뜻해서일까?

마법이다, 마법이야!

마법의 포옹!

따뜻하고 향긋한 포옹 마법!

자연스러운 나눔

초등학교에 입학하면 챙겨가야 할 준비물이 많아진다. 초등학교는 유치원과 달리 놀이나 보육 활동보다는 교과 수업이 중심이 되기 때문이다. 기본적인 수업 준비물로는 필통, 연필, 지우개, 종합장 노트, 풀, 가위 등이 있다.

먼저 필통 속엔 연필이 서너 자루는 꼭 잘 깎여서 있어야 한다.

지우개는 말랑하면서 잘 지워지는 것이 좋다. 수업 시간에 공책 대용으로 쓸 종합장이나 빈칸 공책은 한 권 정도 필요하고, 수업 중 받은 학습지를 정리할 투명 파일도 한 개 정도 있으면 좋다. 글씨 쓰기를 할 8칸이나 10칸 공책도 준비해야 한다.

이렇게 준비물이 많아지다 보니 아이들은 부모님의 도움을 받으며 준비물을 챙긴다. 그래도 가끔 한두 개 정도 준비물을 빠트리는 경우가 있다.

만약 한 아이가 준비물을 챙겨오지 못했다면 다른 친구들이 그 아이를 어떻게 볼까? 어른들은 그 아이가 준비성이 부족하다는 식의 부정적인 생각을 가질 수 있을지도 모른다.

하지만 아이들은 다르다. 한 아이가 준비물이 없으면? 아이들은 그냥 빌려준다. 빌리는 아이도 주눅이 들거나 속상해하지 않고 친구에게 잘 빌린다. 흉볼 일도 아니고, 창피해할 일도 아니라고 생각한다.

"나 지우개가 없는데, 빌려줄래?"

"그래! 자, 여기!"

아이들은 빌려주고 빌리는 게 자연스럽다.

"선생님, 오늘 4교시에 쓸 종이컵을 안 챙겨왔어요."

"그래요? 선생님이 줄까요?"

"주영아, 내가 빌려줄게."

이처럼 준비물이 없는 아이에게 선생님인 내가 주고 싶어도 다른 친구가 그 기회를 먼저 가져가는 일이 아주 많다. 재빨리 선수 치지 않으면 내 순서는 날아가 버린다. 아이들도 선생님이 챙겨주는 것보다 친구들이 주는 것을 더 좋아한다.

왜 그럴까? 왜 이렇게 잘 빌려줄까? 나중에 자기가 없을 때를 대비해서일까? 아니다. 그럼 도대체 왜? 지금까지 내가 아이들을 가르치며 얻은 답은 '그냥'이다. 그냥 자기한테 있으니까 빌려주는 거다.

우리 반 정훈이를 보자. 늦둥이 막내인 정훈이는 부끄러움과 조심성이 많은 아이로, 교실에서 뛰거나 심한 장난을 하는 일이 없었다. 하루는 종합장에다 자기 이름을 쓰고 있는데, 정훈이가 계속 주변을 두리번거리며 불편해했다.

"정훈아, 뭐 찾아?"

나는 정훈이가 뭘 잃어버린 줄 알았다. 그런데 그때 짝꿍인 소윤이가 정훈이를 보고 말했다.

"너, 지우개 필요해?"

그제야 상황 파악이 됐다. 조심성이 많은 만큼 완벽한 것을 좋아했던 정훈이는 종합장에 쓴 글씨가 바르지 못한 것이 맘에 걸렸던지 지우개로 지우고 싶었는데, 그날 지우개를 갖고 오지 않았던 거다. 소윤이는 정훈이 마음을 어떻게 알았는지 정훈이 대답도 듣지 않고 지우개를 쓱 내밀며 말했다.

"내 거 써. 빌려줄게."

그리고 소윤이는 아무 일 없었다는 듯이 종합장에 글씨 쓰기를
계속했다. 그때 정훈이 주변 다른 아이들이 정훈이에게 말했다.

"나 지우개 두 개 있어. 내가 하나 줄까?"

"난 콩알만큼 작은 거 많은데, 하나 줄까?"

아이들은 서로 자기 지우개를 주겠다고 말했다. 정훈이는 조금
당황해 보였지만 기분은 정말 좋아 보였다.

아이들은 어디서 이런 선한 마음이 생겨서 나오는 것일까? 바
닷물이 짠 게 맷돌이 돌아가면서 소금을 만들어낸다는 설화처럼,
아이들 마음속에 혹시 예쁜 마음이 나오는 맷돌이 돌고 있는 게
아닐까. 서로 도와주려는 아이들의 마음은 어느 시인의 시구처럼
참으로 '놀랍고도 황홀'하다. 어른인 내가 아이들에게 또 한 수 배
운 날이었다.

〈내가 빌려줄게〉

학교에 왔는데 지우개가 없네

어떡하지?

"내 거 써."

옆에 앉은 짝꿍이 빌려준다

색연필도 없네

무엇으로 색칠하지?

"내 거 써."

뒷자리 도훈이가 빌려준다

종합장도 없네

어디에 쓰지?

"내 거 써."

건너 줄에 앉은 동수가 빌려준다

싱글벙글 집에 가서 웃으며 얘기했다

"준비물이 없었어요, 지우개, 색연필, 종합장."

"저런, 그래서 공부 못했겠네?"

"괜찮아요, 친구들이 다 빌려줘요."

'오늘처럼 내일도?'

아니에요, 아니에요

내일은 두 개씩 챙길 거예요

나도 친구들 빌려줄 거예요

돕는 마음

우리 집 아이들이 어릴 적에 나는 매일 밤 그림책을 읽어주었다. 잠자리에서 그림책을 읽어줄 때면 피곤해서 하루쯤은 건너뛰고 싶은 생각이 들 때도 많았지만, 하루도 거르지 않고 읽어주려고 노력했다. 어릴 때 읽은 책 한 권이 어른이 되어 읽는 책 열 권보다 아이의 인생에 더욱 큰 의미가 있을 거라고 믿기 때문이다.

날마다 책을 읽어주다 보면 나도 모르게 아이처럼 책에 푹 빠져들 때가 있다. 감동적인 장면에서 훌쩍훌쩍 울기도 하고 우스운 장면에서 깔깔거리며 웃기도 했다. 그중에서 바버라 매클린톡의 그림책 [아델과 사이먼]은 따뜻한 이웃 이야기로 잊을 수 없는 책이다. 2008년에 처음 출판된 이 책은 [아델과 사이먼 미국에 가다], [아델과 사이먼 두근두근 중국 여행] 등 후속 시리즈가 나올 정도로 인기 많았다.

이 책은 어린 사이먼이 누나인 아델과 이리저리 돌아다니면서 자신의 소지품을 하나씩 잃어버리는 데서 사건이 시작된다. 아델은 사이먼이 잃어버린 물건을 찾으려고 노력하지만 결국 실패하고 집으로 돌아온다. 그런데 사이먼의 소지품을 이웃 사람들이 하나씩 찾아서 사이먼의 집으로 가져다준다. 그림책의 배경이 되는 멋진 장소도 좋았지만, 사이먼의 물건을 찾아주는 이웃들의 따뜻하고 푸근한 마음씨가 더 좋았다.

우리 반에도 사이먼처럼 물건을 잘 잃어버리는 아이가 있었다. 영우는 언제나 씩씩하고 늠름한 모습으로 친구들의 부탁을 잘 들어주는 장점이 많은 아이였다. 하지만 자기 물건을 잘 챙기지 못

하는 단점이 있었다.

"선생님, 지우개가 안 보여요."

"선생님, 연필이 필통에 있었는데, 다 없어졌어요."

영우는 늘 내게 와서 자신의 없어진 물건들을 얘기했다. 그날 쉬는 시간에도 지우개가 없어졌다고 했다.

"저런, 영우 지우개가 어디 갔을까?"

나는 반 아이들이 다 들으라는 듯이 크게 말했지만, 짧은 쉬는 시간에 블록 놀이, 딱지치기 활동으로 바쁜 아이들은 친구가 잃어버린 지우개에 관심이 없었다.

"영우야, 지우개를 마지막으로 쓴 때가 언제인지 기억나?"

"아니요, 기억 안 나요."

"다른 지우개는 없어?"

"네, 그 지우개는 삼촌이 생일선물로 준 지우개라서 정말 소중해요. 꼭 찾아야 하는데…."

영우는 눈물이 나오려는 걸 애써 참느라 말끝을 흐렸다.

"아이고 저런! 정말 소중한 지우개구나. 어떻게 생겼는데?"

그제야 영우와 친한 아이들 몇몇이 주위로 몰려왔다.

"선생님, 영우 지우개는 아주 조그만 거예요. 노란색이고요. 영우가 아까 공책 지울 때 봤어요."

"아, 그래. 노란색에 작은 지우개라고?"

"네, 맞아요!"

영우는 반짝이는 눈빛으로 선생님과 친구들을 번갈아 보면서 큰소리로 대답했다. 자신의 물건이 없어져서 속상한데 친구들이 옆에 와서 함께 이야기해주니 든든한 마음이 들었던 때문이다.

"그럼, 얘들아, 우리 어떻게 하면 좋을까?"

반 아이들이 모두 나를 쳐다보았다. 어느새 영우 지우개 찾기는 모두의 일이 되어 있었다. 그때 한 여자아이가 말했다.

"선생님, 분명히 교실에 있을 거잖아요. 그러니까 우리가 다 같이 찾으면 나올 거예요."

"아, 그러네! 여러분 생각은 어때요?"

"다 같이 찾아요."

"네, 좋아요!"

반 아이들 전체가 영우의 지우개 찾기에 나섰다. 마치 [아델과 사이먼]의 그림책 한 장면을 교실에서 보는 듯 모든 아이들이 몸을 숙이고 교실 바닥 곳곳을 살폈다. 자기 것이 아닌데도 아이들은 작은 지우개를 찾아주겠다고 교실 바닥에 딱 붙어서 샅샅이 뒤졌다.

나는 이 광경을 보면서 웃음이 나오면서도 가슴 한쪽이 후끈해졌다. 아이들에게는 그 어떤 시간보다 소중한 쉬는 시간에 놀지도 않고 친구가 잃어버린 물건을 찾겠다고 기꺼이 교실 바닥을 뒤지는 아이들의 순수하고 착한 마음에 나는 감동하지 않을 수 없었다.

하지만 반 아이들의 노력에도 불구하고 영우의 지우개는 나타나지 않았다.

"영우야, 어쩌지? 지우개를 못 찾아서."

"선생님, 괜찮아요. 어쩔 수 없죠."

분명 지우개가 없어져서 울 것만 같았던 영우의 목소리는 평소 자신감과 씩씩함이 넘치는 목소리로 돌아와 있었다.

"영우야, 아까는 속상한 것 같더니, 지금은 괜찮은 거야?"

"네, 괜찮아요."

함께 지우개를 찾던 아이들은 영우가 그 지우개를 못 찾아도 괜찮다고 하자 지우개 찾기를 그만두었다. 그리고는 영우 주위에 와서 위로해줬다.

영우는 다시 싱글벙글 웃으며 아이들과 어울려 놀았다. 공깃돌 던지기, 딱지치기 등을 하면서 즐겁게 쉬는 시간을 보냈다.

난 정말 궁금했다. 조금 전에 지우개가 없어져서 울 것만 같았던 영우가 어떻게 다시 즐겁게 딱지치기를 할 수 있을까? 영우의 마음이 변해서였을까, 아니면 그냥 작은 지우개여서 잃어버려도 괜찮다는 생각이 들어서일까? 무슨 힘이 작용해서였을까?

나는 영우의 마음을 변화시킨 것은 반 친구들의 따뜻한 마음이라는 것에 있다는 결론을 내렸다. 다시 말해, 영우의 마음에 변화를 가져온 것은 반 친구들의 행동 속에 담긴 고마운 마음 때문이었다. 친구들이 다 같이 찾아주려고 노력하는 모습에 영우는 감동한 게 틀림없다. 반 아이들의 고맙고 아름다운 행동에 영우는 지우개를 잃은 상실감을 극복할 수 있었다.

영우는 작은 지우개를 잃어버리고 나서 더 크고 값진 친구들의 마음과 따뜻한 위로를 선물 받은 셈이다.

〈마음 구멍〉

필통 속에 넣어둔 새 연필을
할머니가 생일선물로 주신 새 연필을
잃어버려서 마음에 뻥 구멍이 났다.

마음 구멍에서
화가 나오고
짜증이 나오고
눈물이 나온다.

그런데
친구가 한 마디
-어디 있을까?
선생님이 한 마디
-선생님이 찾아봐 줄게.

반 친구들이 모두 다
-소영이 연필을 찾아라!
했더니

눈물이 쏙 사라지고
짜증이 줄어들고
화가 없어지지고
마음 구멍이 사라졌다.

마음 가득 해님이 떴다.

나눠 먹어야 맛있다는 진실

나는 우리 반 아이들이 친구들을 잘 도와주었을 때, 수업 시간
에 열심히 활동했을 때, 급식에 나온 과일을 잘 먹었을 때, 좋은
언행을 했을 때 칭찬 스티커를 아이들에게 나눠준다. 올바른 학
교생활 태도와 좋은 인성을 기르기 위해 적절한 보상으로 이 방
법을 쓰고 있다.

아이들은 종합장 앞표지 뒷면에 칭찬 스티커를 모으는 종이를
붙여놓고 스티커를 받을 때마다 그곳에 차곡차곡 붙인다. 스티커

를 일정 개수 모을 때마다 아이들은 내게서 사탕이나 초콜릿 같은 간식을 받는다. 어른들 눈에는 시시하고 다소 유치하지만, 아이들은 이 작은 간식을 소중히 여기며 칭찬 스티커를 열심히 모은다.

아이들이 칭찬받는 일은 다양하다. 구체적으로, 다른 친구 청소를 돕거나, 친구에게 준비물을 빌려준다거나, 숙제를 정성스럽게 해오거나 하는 일들이다. 한 마디로 좋은 일을 하면 그때그때 스티커를 받는 셈이다. 그러니 우리 반은 늘 서로 도와주고 함께 나누는 미덕이 넘친다.

"선생님, 종이에 손을 베었어요."

우리 반에 전학을 온 지 얼마 안 된 아이가 종이를 만지다가 손을 베어 내게 왔다. 피가 많이 나진 않았지만, 소독하고 밴드를 붙여야 할 것 같았다.

"저런, 보건실에 가봐야겠다."

"보건실이 어딘지 몰라요."

"아, 그렇겠구나. 누가 다영이와 함께 보건실에 다녀와 줄래요?"

한 아이가 손을 뻔쩍 들었다. 그렇게 두 아이가 손을 꼭 잡고 보건실에 다녀왔다. 나는 보건실을 같이 가준 아이가 기특해서 칭찬 스티커를 주고 싶었다.

"혜인아, 다영이랑 같이 보건실 다녀와 줘서 고마워. 선생님이 칭찬 스티커 줄게."

혜인이는 해맑게 웃으며 재빨리 종합장을 가져와 스티커 모음 종이를 내밀었다. 그곳에는 스티커 20개가 빼곡히 차 있었다. 아이는 이제 간식을 받을 차례가 되었다고 나에게 알리는 의미로 종합장을 가져왔었나 보다.

"우아, 20개 모았구나. 오늘 혜인이는 초코파이 받아야겠네. 축하해!"

그런데 혜인이는 초코파이를 받더니 갑자기 표정이 어두워졌다.

"혜인아, 왜 그래? 무슨 일 있어?"

혜인이는 난감한 표정으로 말했다.

"선생님, 초코파이 말고 마이쮸로 주시면 안 돼요?"

"그래? 근데 너 초코파이 좋아한다고 하지 않았어?"

"그렇긴 한데요. 수빈이랑 나눠 먹으려고요. 초코파이는 쪼개려면 봉지를 뜯어야 하잖아요."

혜인이는 친구랑 간식을 나눠 먹고 싶었다. 친구 수빈이가 지난번에 보상 간식으로 받은 마이쮸를 나눠줬으니 이번엔 자기가 수빈이와 나눠 먹고 싶다고 했다. 그런데 초코파이는 둘이 나누려면 봉지를 뜯어야 하니 나누기 편한 마이쮸로 받고 싶었다. 당시 코로나19가 한참 우리의 건강을 위협하던 시기라 교실 안에서 간식 봉지를 뜯어 먹을 수는 없었다.

나는 친구를 생각하는 따뜻한 마음을 가진 혜인이가 사랑스럽고 기특했다.

"아, 무슨 말인지 알겠어. 그렇다면 선생님이 기꺼이 혜인이 뜻에 따라서 마이쮸로 줘야지."

혜인이는 그제야 함박웃음을 지었다. 솔직히 다른 아이들이 안 보는 곳이었다면 초코파이 두 개를 주고 싶었다. 하지만 공정하지 않은 일을 할 수는 없었기에 혜인이에게 마이쮸를 대신 줬다.

"그럼, 초코파이 대신이니까 마이쮸를 6개 주면 어떨까?"

"네, 좋아요!"

혜인이는 신이 나서 큰소리로 말했다.

그날 혜인이는 쉬는 시간에 수빈이와 마이쮸를 똑같이 나눠 가졌다. 열심히 스티커를 모으느라 힘들었을 텐데 기꺼이 그 노력의 결실을 친구와 나누는 혜인이의 모습은 정말 아름다웠다.

서로 나누는 것은 아이들의 본능인 것 같다. 아주 작은 사탕 하나도 서로 나눠 먹으면 더 맛있다는 것을 아이들은 어떻게 알게 되었을까? 그건 누가 가르쳐줘서 아는 것이 아니라 타고난 것이다. 이 마음은 본능이라고 밖엔 설명할 수 없다.

그 일을 계기로 나는 아이들에게 보상으로 주는 간식을 항상 짝수로 줘야겠다고 생각했다.

"선생님이 왜 상을 짝수로 주려고 했는지 알아요?"

내가 아이들에게 이제부터는 칭찬 간식을 짝수로 주겠다고 말했더니, 내 마음속을 들여다보기라도 한 듯 이구동성으로 소리쳤다.

"나눠 먹기 편하게 하려고 그러는 거죠? 다 알아요!"

"맞아요. 칭찬 상을 받아서 친구나 집에 있는 동생이랑 사이좋게 나눠 먹으라고 짝수로 주려는 거예요. 여러분 생각은 어때요?"

"좋아요!"

그렇게 짝수로 간식을 주니 이제 간식을 받으면 무조건 친구들과 나누기 시작했다. 그리고 무엇보다 칭찬 간식을 받기 위해 더 열심히 좋은 일을 많이 했다. 아이들이 더욱 열심히, 더욱 바르게 학교생활을 해주면서 우리 반은 다른 반에 비해 다툼 없이 사이좋게 지내는 반으로 소문이 자자했다.

누가 시키지 않아도 다른 사람과 나눌 줄 아는 아이들, '나'를 뛰어넘어 '우리'를 생각할 줄 아는 아이들이다. 이렇게 아이들 마음은 어른의 가르침이 없어도 옳은 길을 찾아간다.

〈사탕을 더욱 맛있게 먹는 방법〉

맛있는 사탕을 더 맛있게 먹는 방법

사탕을 친구랑 나눠 먹는 거

절대 주의할 것은

홀수 개는 안 된다는 것!

사탕 2개는 하나씩 나누고,

사탕 4개는 두 개씩 나누지

그런데 사탕 3개는?
둘이 나눠 먹을 수 없어
그래서 절대 홀수는 안 돼

아냐, 아냐, 홀수로 받아도 돼
모두 하나씩 나누면 되거든

3개면 3명이 나눠 먹고,
7개면 7명이 나눠 먹고!

언제나 맛있게 먹는 방법이 있군!

손 더하기

　1학년 아이들은 에너지가 늘 충만하다. 한시도 쉬지 않고 움직
인다. 수업 시간 동안에 엉덩이를 의자에 붙이고 앉아 있느라 고
생한 아이들은 쉬는 시간이 되면 바로 일어나 이리저리 돌아다닌
다. 그러나 교실은 아이들이 마음껏 움직이며 놀기에는 턱없이 좁

다. 아이들의 넘치는 에너지를 제대로 발산하며 놀기엔 교실은 적합한 공간이 아니다.

가끔은 교실에 있는 우리 반 아이들이 마치 새장 속에 갇힌 아기새처럼 안쓰러울 때가 있다. 이리 꿈틀 저리 꿈틀 날아가려는 몸짓처럼 보여서 애처로울 때도 많다. 그렇다고 강당이나 운동장에 나가 매번 실컷 놀 수도 없다. 그곳은 학교 아이들 전체가 이용하는 공간이기 때문에 고정된 사용 시간표가 정해져 있다.

이런 아쉬움에 대한 대안으로 나는 교실에서 자주 놀이 수업을 한다. 짬짬이 책상을 이리저리 움직여 놀이 공간을 확보하고 아이들이 에너지를 맘껏 분출할 수 있는 시간을 가진다.

그런데 1학년 아이들은 책상을 옮기는 게 어렵다. 아직은 고사리 같은 손이라 힘을 쓰기에는 무리다. 더욱이 책상 속에도 개별 물건들이 가득 들어 있고, 가방도 옆에 매달려 있으니 책상 이동은 아이들에게 더욱 힘겹다. 그렇지만 아이들은 놀이 수업을 위해 기꺼이 무거운 책상을 열심히 옮긴다.

처음에 아이들이 책상을 옮길 때 나는 많이 걱정했다. 책상 옮기다가 그 시간 수업을 제대로 못 할 것 같았기 때문이다. 그러나 기우였다. 아이들은 내가 예상했던 것보다 훨씬 빠른 속도로 책상을 안전하게 옮겼다. 비결은 서로 도와주기였다.

아이들은 책상을 옮기는 데 힘에 부쳐 보이는 친구들을 잘도 찾아서 도와줬다. 책상을 밀다가 조금이라도 끙끙대는 친구가 있으면 후다닥 그쪽으로 뛰어가 구령을 맞춰가며 함께 책상을 밀었다.

"영차, 영차!"

도와주는 아이도, 도움을 받는 아이도 즐거워 보였다. 아이들은 서로서로 도우며 번개처럼 빠르게 책상을 옮겼다. 힘든 책상 옮기기를 마치 놀이를 하는 것처럼 함께 도우며, 함께 웃으며 하는 모습이 행복해 보였다.

"애들아, 책상 옮기는 게 그렇게 재미있어?"

"네!"

"그럼, 놀이 수업은 따로 안 해도 되겠네?"

어려움 앞에서 함께 힘을 모으는 아이들이 기특해서 나는 장난기가 발동해 물었다.

"선생님, 그건 아니에요!"

아이들은 한목소리로 외쳤다.

어쨌든 그날 우리 반 교실에서 펼쳐진 그 장면은 마치 영화 속 한 장면처럼 아름다운 기억으로 가슴에 남아 있다.

아이들의 그런 착한 행동은 어디서 나온 것일까? 아이들 마음 속에는 무슨 마음이 담겨 있길래 그렇게 잘 도와줄까? 유치원 때 "백지장도 맞들면 낫다"라는 속담을 미리 배우고 왔을까?

누군가를 돕는다는 건 시간을 내어주고, 힘을 내어주고 함께 그 일을 해보는 것이다. 돕는다는 행위는 함께하는 모두가 하나가 되는 고귀하고 가치 있는 행위다. 아이들은 이 진리를 이미 잘 알고 있다.

그런데 우리 어른들의 모습은 어떤가? 누군가가 다른 사람을 도울 때 흔히 어떤 대가를 바라는 게 아닐까 의심하는 사람들이 많다. 무슨 속셈이 있을 거라는 생각도 한다. 하지만 아이들은 그런 마음이 없다. 순백의 마음이다.

물론 아이들도 다른 사람을 돕고 나서 얻는 게 있긴 하다. 그건 자존감과 자부심, 그리고 즐거움이다. 아이들은 친구를 도우며 더 괜찮은 자기 모습을 발견한다. 친구에게 도움을 줬다는 데 큰 자부심도 느낀다.

무엇보다 거기서 재미를 느낀다. 어떻게 알 수 있냐고? 아이들의 표정에 다 드러난다. 우리 반 아이들이 친구 책상을 옮겨주며 깔깔깔 마주 보며 웃는 얼굴에서, 신나게 휘젓는 팔과 다리에서 명확하게 드러난다.

〈한 손, 두 손, 세 손, 네 손〉

끙
한 손은 힘이 부족해
그럼 두 손이지

낑낑

두 손은 힘이 부족해

그럼 세 손이지

영차 영차 영차

세 손도 힘이 부족해

그럼 네 손이지

쑤우우욱

역시 네 손은 되어야지

그래 역시 네 손이지

승부보다 중요한 것

초등학교 입학 후 한 달 정도가 되면, 아이들이 배우는 교과목 수가 늘고 교과 내용도 다양해진다. 간단한 낱말을 쓰고 읽기, 9까지 수 세기, 원기둥과 구와 직육면체 등의 물건 모양 구분하기, 봄 동산 관찰하고 조사 분류하기 등 비로소 1학년다운 수업이 시작된다.

아이들은 모두 처음 배우는 교과 내용이지만 쉽게 이해한다.

기본적인 읽기와 쓰기, 수 세기는 물론 다양한 입체 도형의 특징까지 다 알고 있다. 다양한 매체를 통해 이미 알고 있고, 유치원 과정에서 배운 내용들도 많기 때문이다.

이미 아는 것을 배우는 수업은 지루하지 않고 재미있어야 수업 참여도가 좋다. 나는 아이들의 흥미와 관심을 끄는 수업 자료와 아이디어를 활용해서 수업을 구상한다. 그래서 게임 수업을 자주 한다. 게임을 이용한 수업은 늘 아이들에게 인기가 있다.

게임 활동은 주로 배운 내용을 복습할 때 주로 사용한다. 나는 아이들이 배운 내용 중에서 중요한 내용을 미리 문제로 만들어 놓는다. 아이들이 문제를 푸는 방식은 간단하다. 문제를 함께 이해하고, 자기 종합장에 정답을 쓰면 된다. 이것은 누가 잘하는지를 보는 게 아니라, 아이 스스로 뭘 알고 또 뭘 모르는지를 확인해서 다시 학습하는 기회를 제공하는 데 목적이 있다.

게임 활동의 규칙은 딱 하나. 앞서 배웠던 것을 생각하면서 자기가 생각한 답을 종합장에 쓰는 것. 친구와 얘기하면서 상의하지 않는 것이다. 하지만 이 규칙은 늘 지켜지지 않는다.

"지난 시간에 배운 내용을 다시 알아볼 거예요. 화면을 잘 보고 문제를 이해하세요. 그리고 정답을 종합장에 쓰세요. 단, 친구들과 얘기하지 마세요. 시작합니다! 자, 빠르게 화면을 지나간 낱말 속에 있는 모음자를 찾아 써보세요."

첫 번째는 '피리'를 보고 모음자 'ㅣ'를 쓰는 문제였다.

"이건 너무 쉽죠!"

"아이, 어쩌지 나는 못 봤는데?"

한 아이가 글자를 못 봤다고 속상해했다.

"그럼 다시 한번 보여줍니다. 준비, 눈을 크게 뜨고 보세요! 쉬리릭!"

또 한 번 '피리'가 스쳐 지나갔다. 이번에도 그 아이는 못 봤다고 볼멘소리다.

"아니, 피리잖아. 피리. 그러니까 'ㅣ'지. 'ㅣ' 썼어?"

앞자리에 앉은 아이가 그 아이를 보고 정답을 말해버렸다.

우리 반 게임 활동은 늘 이런 식이다. 아이들이 워낙 마음이 후해서 이렇게 정답을 모두와 공유한다. 나는 다시 한번 주의를 환기시킨다.

"여러분, 친구에게 정답을 알려주고 싶겠지만 친구와 얘기하지 않고 문제 풀기가 이 게임의 규칙인데, 규칙을 지켜주세요."

"아, 깜빡했다."

그제야 게임 규칙을 상기했나 보다. 다음엔 다를까? 그럴 리 없다. 똑같은 일은 계속 반복된다.

수업 시간이 바뀌어, 수학 시간에 게임 활동을 했을 때였다.

"자, 화면에서 보이는 인형 개수를 잘 보고, 그 수보다 하나 더 많은 수를 쓰세요."

화면에는 인형 5개가 제시됐다. 아이들은 각자의 종합장에 숫자 6을 쓰면 된다.

그런데 한 아이가 자기 종합장에 얼른 정답을 쓰고 뒷자리 앉은 친구의 종합장을 쳐다보았다.

"아니, 이거잖아, 자 봐봐."

앞에 앉은 아이는 뒷자리 아이에게 손바닥 하나를 쫙 펴고, 거기에 다른 손 엄지를 더 보태서 정확하게 숫자 6을 가르쳐준다. 어이쿠!

이렇게 수학 시간 게임 활동도 사이좋게 정답을 공유함으로써 게임 활용 수업은 협동하여 문제를 해결하는 수업으로 끝났다.

아이들은 경쟁하는 것을 좋아한다. 달리기 경주, 콩주머니 옮기기 경주 등 편을 갈라 경쟁하며 승부를 가리는 것을 좋아한다.

하지만 그에 못지않게 서로 힘을 합쳐서 함께 해결하는 것도 무척 좋아한다. 왜 그럴까?

아이들은 자기만 잘하는 걸 좋아하지 않기 때문이다. 친구와 게임을 할 때 계속 자기만 이기면 아이들이 그 게임을 즐길 수 있을까? 아니다! 아이들은 재미없어한다. 시시하게 느낀다.

경쟁 놀이든 아니든 아이들은 놀이를 그냥 좋아할 뿐이다. 노는 데 굳이 순위가 중요한 건 아니다. 아이들에게 놀이는 그냥 놀이일 뿐, '다른 친구를 이겨야 한다, 내가 꼭 승리하겠어!' 같은 독한 마음이 없다. 친구들이랑 어울려서 뭐든 같이하면 그냥 다 재미있고 신이 날 뿐이다.

그래서 아이들과 하는 게임 활동은 늘 교실을 들썩이게 한다. 아이들은 게임을 못 해도 잘해도, 우리 편이 이겨도 져도 상관없이 그냥 깔깔깔 하하하 즐겁다.

이런 일이 반복되다 보니 요즘은 아이들과 게임 활동을 할 때 규칙을 바꿨다. 어차피 친구들과 얘기하지 않기는 지켜지지 않으니 의미가 없기 때문이다. 우리 반에 새로 생긴 규칙은 '게임 활동을 할 땐 즐겁게, 무조건 기분 좋게 하기'다. 게임 활동을 하면서 기분 좋게 복습까지 하면 이보다 더 좋을 수는 없지 않을까.

〈진짜 재미있는 게임〉

누가 누가 잘하나?
재미있는 게임 시간
신나는 게임 시간
누가 누가 잘하나?

내가 잘하면 재밌나?
나만 잘하면 재밌나?

네가 잘하면 재밌나?
너만 잘하면 재밌나?

앞에 앉은 아이도,

뒤에 앉은 아이도,

저 끝에 앉은 아이도

모두 모두 잘해야 재밌지.

내가 이겨도 재밌지만

내가 져도 재밌지.

진짜 진짜 재밌는 건

이겨도 져도 재밌는 거야.

'인싸'가 되는 법

학교에서 '친구 사랑의 날' 행사를 맞아 나는 주제에 맞는 그림책을 아이들에게 읽어줬다. '친구 사랑의 날'은 아이들 간에 우정의 의미를 되새겨보고 서로 더욱 좋은 교우 관계를 유지하기 위해 학교에서 특정 날짜 혹은 주간을 정해 기념하는 행사를 말한다.

행사의 취지에 딱 맞게 그림책 내용은 초등학교에 막 입학한 1학년 아이가 친구를 사귀는 데 어려움을 겪지만, 학교 선생님과 같은 반 친구들의 도움으로 슬기롭게 이겨낸다는 이야기이다.

책을 읽고 난 뒤에 반 아이들과 함께 서로 이야기 나누는 시간을 가졌다. 먼저, 아이들에게 주인공 아이와 같이 친구 사귀는 데 겪었던 어려움을 얘기해 보자고 했다. 적잖은 아이들이 비슷한 경험을 했다고 답했다. 그럴 것이라 예상은 했지만, 생각보다 많은 숫자에 놀랐다.

"선생님, 승희는 우리 반에서 인기가 제일 많아요. 친구가 제일 많거든요."

우리 반에서 승희가 가장 친구가 많은 건 나도 알고 있었다. 쉬는 시간마다 한 무리의 아이들이 승희 옆에 가 있는 모습을 자주 봤기 때문이다.

"그렇구나, 승희 인기가 높구나. 그런데 여러분, 친구들한테 인기 있는 사람이 되고 싶어요?"

"네, 당연하죠."

"인기 있으면 뭐가 좋을까요?"

"친구들이 나랑 놀이터에서도 같이 놀 수 있잖아요."

"쉬는 시간에도 같이 뭐 하자고 하면 심심하지 않잖아요."

"인기짱이 되고 싶은 친구가 이렇게 많구나."

"선생님, 인기짱을 요즘은 '인싸'라고 해요."

그렇지, 인싸! 아이들에게 또 하나 배웠다.

"좋아요. 그럼, '인싸'가 되고 싶은 친구?"

당연히 많은 아이들이 손을 들었다. 수줍음이 많은 친구 2명

정도만 빼고. 손을 번쩍 치켜드는 것으로는 부족했는지 몇몇은 거의 일어나서 양손을 모두 들었다. 높이 손을 든 만큼 열망도 더 크게 느껴졌다.

"어떤 친구가 '인싸'지요?"

나는 아이들에게 인기 있는 친구는 어떤 특징이 있는지 궁금해 물었다. 여자아이들이 먼저 말했다.

"그림을 잘 그려야 해요."

승희를 두고 하는 말 같았다.

"화장을 이쁘게 해야죠."

화장? 벌써 화장이라니, 조금 놀랐다! 그런데 생각해 보니, 요즘 고학년 아이들은 화장을 많이 하는 걸 보면 이런 생각이 나올 만도 했다.

"우리 엄마는 '인싸' 아닌데 화장하는걸?"

"여러분, 엄마 얘긴 하지 말고, 우리 친구들 얘기해 봐요."

"그런데 화장한다고 '인싸'는 아니지."

모범적인 말을 자주 하는 한 아이가 말했다. 그걸 계기로 아이들은 점점 더 진지하게 진짜 '인싸'에 대해 이야기를 나눴다. 남자아이들은 힘이 센 친구, 축구나 공부를 잘하는 친구 등을 '인싸'의 조건으로 꼽았다.

"여러분, 그런데 공부만 잘하면 '인싸'가 될까요? 공부 못해도 착하고 행동이 바른 친구들이 많은데, 그런 친구들은 '인싸'가 되기 어려울까요?"

"선생님, 저는 태권도 학원에 다니는 3반 친구가 있는데, 그 애가 한글을 잘 못 읽거든요. 그래도 저는 그 애랑 친해요. 애들도 그 애를 좋아해요."

얼마 전부터 태권도 학원을 다니기 시작한 시우가 말했다.

"시우 말이 맞는 것 같아요. 공부만 잘한다고 '인싸'가 되는 건 아니고, 공부를 못 해도 '인싸'가 될 수 있는 것 같아요. 그럼, 축구 잘하면 '인싸'가 될까요?"

"선생님, 영진이는 축구 못하는 데도 친구가 많은데요. 영진이는 '인싸'인데요."

"그렇네요. 축구만 잘한다고 '인싸'가 되는 건 아닌 것 같아요. 그럼 어떤 사람이 '인싸'가 되는 걸까요?"

아이들은 생각에 잠겼다. 이때가 바로 내 도움이 필요한 시기라는 감이 왔다.

"여러분이 친구가 좋았을 때를 떠올려 보세요. 언제 친구가 참 좋았어요?"

"선생님, 제가 운동장에서 달리기하다가 넘어져서 울 때 성훈이가 위로해줬거든요. 그때 정말 성훈이가 좋았어요. 우리는 지금 '베프(베스트 프렌드)'예요."

"그럼, 대현이에게 성훈이는 '인싸'인가요?"

"네, 맞아요!"

성훈이와 대현이는 서로를 바라보며 '베프'답게 웃었다.

"선생님, 저는 승주가 제 애길 잘 들어줄 때가 정말 좋았어요. 그래서 저는 승주를 좋아해요."

"아, 그럼 봄이에게는 승주가 '인싸'인가요?"

"네!"

나란히 앉은 승주와 봄이는 손을 꼭 맞잡고 웃었다.

"'인싸'란 어떤 친구인지 여러분이 방금 말한 것에 모두 있는 것 같아요. 진짜 '인싸'인 친구들은 다른 친구를 잘 도와주고, 다른 친구 말을 잘 들어주는 친구인 것 같아요. 여러분도 같은 생각인가요?"

"네, 맞아요!"

반 아이들은 내 말에 동의했다. 나는 아이들이 진정한 '인싸'의 의미를 잘 찾았다고 칭찬하며 칠판에 기록했다.

'인싸'는 친구를 잘 도와주고, 친구 말을 잘 들어주는 사람.

다른 사람의 이야기를 잘 들어준다는 것, 이것을 '경청'이라고 한다. 경청의 중요성은 굳이 길게 말할 필요도 없다. 요즘은 너도 나도 내가 하고 싶은 말을 잘 표현한다. 그런데 이것이 지나쳐 남의 이야기를 경청하는 데는 소홀히 한다.

소통이 중요한 시대에 경청은 아주 중요한 덕목이다. 그날 아이들은 이러한 경청의 자세가 친구 사귀기에 가장 중요하다는 걸 수업에서 알아냈다. 내가 가르쳐준 것이 아니었다. 아이들은 이미 경험으로 알고 있었다.

남을 잘 도와주는 것, 우리 사회에서는 나눔을 실천하고 기부 운동에 참여하는 사람이 얼마나 많을까? 적어도 우리 반 친구들은 이미 친구들을 잘 도와주고 있다. 배고프면 밥을 먹는 것처럼 다른 사람을 도와주는 일은 아이들에게 아주 자연스러운 일이다.

그 수업 이후 우리 반에는 '인싸'가 되려는 아이들이 많아졌다. 서로 잘 도와주고 친구 말을 잘 들어주려고 노력하는 아이들. 덕분에 우리 반은 저절로 나눔과 배려, 사랑이 넘치는 교실이 되었다.

〈진짜 '인싸'〉

'인싸'가 되고 싶다고?

힘이 세면 될까

예쁘게 화장하면 될까

축구를 잘하면 될까

공부를 잘하면 될까

옷을 멋지게 입으면 될까

아니, 아니야!

'인싸'가 되고 싶다면
귀는 토끼처럼 쫑긋하게 세우고
잘 들어줘야지
눈은 강아지처럼 크게 뜨고
잘 바라봐야지
입은 앵무새처럼 '으응, 으응' 대꾸해야지

그래야 '인싸'지,
우리 반, 우리 학교 진짜 '인싸!'

제3부

사랑하는 마음

1
사랑이 넘치는
아이들

그냥 착한 아이들

4월에 들어서면, 1학년 아이들은 한글의 자음자와 모음자는 어떻게 만들어지게 되었는지, 어떻게 글자를 형성하는지를 배우게 된다. 이때 함께하면 좋은 교육이 인성교육이다.

예를 들어, 모음자는 하늘의 둥근 모양을 닮은 'ㆍ', 땅의 평평한 모양을 닮은 'ㅡ', 그 사이에 우뚝 선 사람 모양의 'ㅣ'로 만들어졌다. 그래서 모음자를 배울 때는 그 속에 담긴 깊은 뜻을 생각해 보는 활동을 한다. 왜 세종대왕은 그렇게 모음자를 만들었을지 이야기 나누며, 사람과 자연이 조화를 이루어 세상을 살아가야 한다는 다소 뻔한 교훈으로 마무리 짓는다.

자음자를 배우면서도 마찬가지다. 인성교육을 하기에 가장 적합한 자음자를 꼽으라면 'ㅅ'이다. 이 자음자는 마음 그릇을 키우기 좋은 낱말이다. 'ㅅ'을 이용하는 인성교육은 'ㅅ'이 들어간 낱말을 연상해보는 것부터 시작한다.

아이들은 첫소리가 'ㅅ'으로 시작하는 낱말을 말한다. 그러면 나는 그 낱말들을 칠판에 기록한다. 간혹 아이들이 낱말을 찾기 어려워하면 조금씩 힌트를 주며 낱말을 잘 연상할 수 있도록 돕는다.

"우리 반에서 친구들이랑 어떻게 지내자고 하지요?"

"사이좋게."

"아, 거기 '사이'에 'ㅅ'이 있네요."

그렇게 '사이'도 쓴다.

어느 정도 낱말을 쓰고 나면 나는 슬슬 철학적 질문을 던진다.

"이 낱말 중에서 우리 가족, 친구, 이웃을 떠올리게 하는 낱말을 찾아서 동그라미 해볼까요?"

"'사랑'이요."

"왜 그럴까요?"

"가족은 서로 사랑하니까요."

"그렇군요. 또 있을까요?"

"'사람'이요. 우리는 사람들이니까요."

"네, 선생님도 같은 생각입니다. 우리는 모두 똑같은 사람들이니까요. 또 있나요?"

"'사이'요. '친구 사이' 할 때 '사이'요."

아이들과 'ㅅ'으로 시작하는 낱말의 의미를 간략하게 살피고 난 뒤에, 이제 하나씩 더 깊은 질문으로 들어간다.

첫 번째는 '사랑'이다. 우리가 느끼는 사랑의 감정에 대한 이야기를 나눈다. 아이들은 사랑은 상대를 어떻게 대해주는 것인지, 사랑을 받은 경험은 어떤 것이 있는지 차근차근 각자의 생각을 이야기한다. 아이들은 아낌없이 베풀어주는 부모님 사랑의 고마움에 대해 감동적인 경험을 들려준다. 또 가족을 넘어 우리나라를 사랑해서 목숨 바쳐 싸우신 분들에 대한 감사의 마음도 이야기한다.

두 번째는 '사람'이다. 나는 '좋은 사람'은 어떤 사람인지 아이들에게 물어봤다. 아이들은 좋은 사람에 대한 생각을 자유롭게 얘기하고 친구들의 이야기를 들으며 그 의미를 깊이 생각해 보는 경험을 가진다.

마지막으로는 '사이'다. 앞의 두 낱말보다 아이들이 가장 이야기 나누기 편하게 여기는 낱말이다. 아이들의 주된 관심사인 친구와 관련이 깊기 때문이다. 아이들은 친구와 '사이' 좋게 지내는 법, 친구들에게 인기짱이 되는 법 등에 대해 자신들의 경험을 토대로 좋은 비법을 알려 주는 등 '사이'에 대한 질문에 적극적으로 발표한다. 그만큼 친구 문제가 아이들에게는 중요하고 관심 사항이라는 걸 알 수 있다.

그날 수업 내용을 정리하면 대체로 아래와 같다.

좋은 사람은 'ㅅ'처럼 내가 기댈 수 있고 다른 사람을 기대게 해주어야 좋은 사람.

좋은 사람은 서로 함께하며 사는 사람.

진짜 사랑은 'ㅅ'처럼 손을 잡아주고 마음을 나눠줘야 한다.

진짜 사랑은 'ㅅ'처럼 서로 등을 받쳐주는 것처럼 모자란 것을 채워주고 싶은 마음.

좋은 친구 사이는 'ㅅ'처럼 손가락 걸고 약속하는 걸 잘 지켜줘야 좋은 친구 사이.

좋은 친구 사이는 'ㅅ'처럼 두 손을 꼭 모으고 이야기를 잘 들어주어야 한다.

좋은 친구 사이는 'ㅅ'처럼 완전히 붙어 있지 않고 살짝 떨어진 곳도 있어야 서로 사이가 좋아진다. 독차지하지 않아야 한다.

처음에 '사랑', '사람', '사이'라는 주제로 아이들과 대화를 나누려고 생각했을 때 나는 걱정 반 기대 반이었다. 인성교육도 좋지만, 너무 철학적인 질문으로 아이들이 말하기 어려워할까 봐 내심 염려가 됐다.

하지만 내가 아이들을 아직도 잘 모르고 있었다. 아이들은 이러한 주제 정도는 자신들이 소화할 수 있는 크기로 쪼개어주면 잘 소화하고 흡수시킬 수 있을 정도로 생각하는 힘이 셌다.

나는 두 아이를 키우면서 세상에 빛과 소금이 되지는 못하더라도 남에게 최소한의 해를 끼치지 않기를 바라는 마음으로 바르고 착하게 자라기를 기도했다. 모든 부모의 마음이 이와 같을 것이다. 해마다 학교 교육과정을 만들기 위해 학부모님을 대상으로 설문 조사를 하면, 학부모님이 학교 교육에 바라는 첫 번째는 늘 인성교육이었다.

올바른 인성 함양을 위한 최적의 시작 시기는 1학년이다. 입학식에서 처음 본 아이에게 거리낌 없이 자신의 물건을 빌려주겠다며 아우성인 아이들, 전학 온 아이에게 먼저 다가가서 이름을 물으며 따뜻한 관심을 보여주는 아이들, 장애가 있는 친구를 위해 기꺼이 자리를 양보하겠다며 나서는 아이들, 갑자기 수업 시간에 우는 친구를 위해 쉬는 시간에 몰래 가서 사탕 하나 건네는 아이들이 모두 1학년 아이들이다.

아이들 마음은 영양분이 풍부한 고운 흙처럼 부드럽다. 뭐든 심으면 쑥쑥 자랄 수 있다. 그 마음에 어른들은 잘 여물고 단단한, 건강한 씨앗을 심으면 된다. 그러면 저절로 다른 사람을 사랑하고 아끼는 마음의 열매가 주렁주렁 열리는 것을 보게 될 것이다.

〈'ㅅ' 공부〉

'ㅅ' 속엔 사람이 숨어 있어요
힘들면 기대라고 등을 내주는 사람
푹 쓰러지지 말라고 받쳐주는 사람
좋은 사람들이 숨어 있어요

'ㅅ' 속엔 사랑이 숨어 있어요.
아프지 말라고 만져주는 아빠의 손
어려운 숙제를 도와주는 엄마의 손
가족의 사랑이 숨어 있어요

'ㅅ' 속엔 좋은 친구 '사이'가 숨어 있어요
손가락 걸고 약속을 지켜주는 친구 사이
이야기를 잘 들어주는 친구 사이
좋은 친구 사이가 숨어 있어요

돌봄교실 1

요즘 초등학교에는 각 시도교육청이나 학교에서 채용한 보육전

담 선생님이 방과후에 1, 2학년 아이들을 돌봐주는 돌봄교실이 있다. 이러한 돌봄교실이 생기기 전에는 방과후 집으로 가도 돌봐줄 어른이 없는 아이들은 대부분 학원으로 갔다. 하지만 지금은 돌봄교실이 생겨서 방과후 돌봄이 필요한 아이들에게 많은 도움을 주고 있다.

아이들은 돌봄교실에서 다양한 활동을 한다. 돌봄교실 선생님의 지도를 받으며 숙제를 하고, 2~3가지 정도의 방과후 교육활동을 한다. 미술 활동, 놀이 체육 등 아이들의 정서와 신체 발달에 알맞은 활동 중심으로 구성되어 있다. 그리고 간단한 간식도 먹는다. 지역사회에서는 인근 학교에 친환경 과일을 제공하는 등 돌봄교실에 적극적인 지원을 보낸다. 돌봄교실은 해를 거듭할수록 아이들을 위해 좋은 방과후 교실로 변화해 가고 있다.

얼마 전에 돌봄교실 선생님이 아파서 결근하시는 바람에 내가 며칠 동안 돌봄교실 한 개 반에서 아이들을 맡아 돌본 적이 있었다. 반 아이들 하교 지도를 하고 돌봄교실로 가니 우리 반 아이들 몇 명이 나를 반겼다.

"선생님!"

나는 먼저 내가 온 자초지종을 아이들에게 설명했다. 아이들은 잘 이해해주는 눈치였다. 돌봄교실은 잘 짜인 시간표에 따라 무리 없이 운영되었다.

3시 정도가 지나자, 학부모님이나 학원 선생님, 할머니 등 아이들을 데리러 오는 보호자들이 나타나기 시작했다. 그리고 오후 5시가 되자 아이들은 모두 집으로 가고, 우리 반 수진이만 남았다.

"수진아, 수진이는 오늘 7시에 간다고 적혀 있구나."

수진이는 내 옆으로 와서 함께 아이들 출석부를 보면서 고개를 끄덕였다.

"그럼 7시엔 누가 오시는 거야?"

"아빠요."

수진이는 인형을 만지면서 대답했다. 나는 수진이가 혼자만 남는다는 것에 속상해할까 걱정이 됐다. 나는 얼른 수진이 생각을 다른 곳으로 돌리고 싶었다.

"수진아, 머리띠 새로 샀어? 요즘 유행하는 스타일인 것 같은데?"

"네, 맞아요. 엄마가 사줬어요. 문구점에서요."

수진이 목소리가 조금 전보다는 밝아졌다. 다행이었다.

"그렇구나! 엄마가 수진이한테 아주 잘 어울리는 걸로 골라주셨네."

수진이는 선생님의 칭찬을 받아 기분이 좋아졌는지 거울 앞으로 갔다. 머리띠를 뺐다가 다시 썼다가 하면서 자신을 거울에 비춰봤다.

"수진아, 우리 셀카 찍을까? 머리띠가 예뻐서 선생님이랑 같이 찍으면 사진이 멋지게 나오겠어."

수진이가 웃으며 다가왔다. 난 그제야 마음이 놓였다.

"그래, 우리 셀카 많이 찍자. 그래서 내일 우리 반 친구들한테 사진 보여주자!"

"좋아요!"

나는 수진이와 사진을 여러 장 찍었다. 다양한 포즈도 했다. 모두 수진이가 유도한 포즈다. 하트 손 모양, 헐크 같은 표정, 손바닥 꽃받침 하기, 거울을 활용해서 뒤통수 찍기 등 재미있게 셀카 촬영을 하며 놀았다.

셀카 찍기 놀이가 끝나자 수진이는 종이를 가져와 그림을 그렸다. 나도 함께 그렸다. 그리고 사탕을 먹고, 블록 놀이를 하며 함께 즐거운 시간을 보냈다.

마침내 수진이 아버님께서 오셨다.

"수진아!"

돌봄교실 문을 열고 들어오는 아빠의 목소리에 수진이는 총알처럼 달려가 안겼다. 그리고 얼른 외투를 입고 가방을 챙겼다. 오랜 시간을 기다리게 만든 아빠에게 서운한 마음이 있을 것 같은데 수진이는 전혀 그런 표정이 아니었다. 하지만 얼른 집에 가고 싶은 건 확실했다.

"수진아, 매일 보는 아빠인데 그렇게 좋아?"

수진이는 대답 대신 큰소리로 웃었다.

"돌봄교실에서 선생님이랑 잘 놀아서 나는 수진이가 아빠보다 선생님이랑 여기 있는 걸 더 좋아하는 줄 알았는데?"

수진이는 대답 대신 또 크게 웃었다.

아빠 손을 잡고 씩씩하게 걸어가는 수진이의 뒷모습을 나는 한참 바라봤다. 긴 시간과의 싸움에서 거뜬히 승리를 거둔 개선장군처럼 늠름하고 당당해 보였다.

그 모습을 보며 문득 나는 매일 돌봄교실에서 집으로 갈 시간을 기다리는 아이의 마음을 생각해 봤다. 같이 놀던 친구들이 하나둘 부모님의 손을 잡고 집으로 돌아가는 모습을 보는 건 절대 즐겁지 않다. 왜냐하면 아이들은 집에 가는 시간을 제일 좋아하니까. 그러나 어른들이 생각하는 것만큼 아이들이 힘들고 외롭게 견디는 것은 아니다. 생각보다 아이들은 잘 놀며 시간을 보내고 있다.

일하는 부모는 아이들에게 미안함이 많다. 나도 그랬다. 맞벌이 부부라서 아이들에게 소홀하다는 미안함, 죄책감 같은 것이 있었다. 아이와 많은 시간을 함께하지 못한다는 마음에 늦게까지 학교에서 업무를 할 때면 늘 마음이 조마조마했다. 하지만 그럴 필요는 없다. 아이들은 때론 어른이 생각하는 것보다 너 단단하고 튼튼한 마음을 갖고 있다. 그래서 조금만 시간이 지나면 새로운 환경에 어렵지 않게 잘 적응한다.

나는 퇴근 후 아이들과 보내는 시간을 많이 가졌다. 그 시간만큼은 오롯이 아이들에게 집중했다. 함께 저녁을 먹고, 함께 샤워

하고, 함께 책을 읽는 시간을 꼭 가지려고 했다. 많은 워킹맘들이 나처럼 살고 있을 것이다.

아이와 함께 있을 때, 함께 시간을 보낼 때는 최선을 다해 아이에게 부모의 사랑을 듬뿍 주면 좋겠다. 부모의 사랑은 아이들에게 큰 힘이 된다. 그것이 긴 시간 돌봄교실에서 잘 놀면서 지낼 수 있는 에너지가 된다.

〈수진이 머리띠〉

수진이는 교실이 2개

1학년 4반, 그리고 돌봄교실

앞집 정은이, 아랫집 동준이, 그리고 수진이

함께 놀고, 함께 학교를 산책하고, 함께 간식도 나눠 먹지요

3시, 정은이가 태권도장에 가지요

도복을 갖고 가야지

수진이는 친구를 잘 챙겨줘요

4시, 동준이가 피아노 학원에 가지요

필통 챙겨가야지

수진이는 동준이도 잘 챙겨줘요

친구들이랑 놀다 보면 시간이 휙휙 지나가지요

하지만 친구들이 없을 땐 시간이 느릿느릿 기어가지요

아직은 아빠가 올 시간이 아니지

뭘 하고 놀까?

이거하고 놀까, 저거하고 놀까?

이것저것 다 하고 놀지

한참 놀다 보니 시곗바늘이 어느새 7시!

드디어 수진이도 집에 갈 시간

"아빠!"

오늘도 수진이는 아빠 손을 꼭 잡고 집에 가지요

모두 돌아간 텅 빈 돌봄교실

반짝이는 수진이 나비 머리띠

다른 친구 잘 챙겨주는 수진이는

이때만 잘 못 챙겨요

돌봄교실 2

학교에서 맡은 업무가 방과후 관련 업무다 보니 가끔 방과후에 돌봄전담 선생님들을 대신해서 돌봄교실에서 아이들을 돌볼 때가 있다. 그래서 알게 되었지만, 수업이 이뤄지는 일반적인 교실과 돌봄교실은 많이 다르다. 무엇보다 돌봄교실은 주된 교육활동이 보육에 초점을 맞추고 있기 때문에 일반 교실에는 없는 세면대, 싱크대, 바닥난방 시설, 냉장고 같은 돌봄에 필요한 시설이 갖춰져 있다.

학부모에게 돌봄교실은 어떤 의미일까? 1학년 학부모님들은 돌봄교실에 대한 기대와 바람이 크다. 특히나 맞벌이 부부에게 있어서는 방과후에 아이를 돌봐줄 수 있는 돌봄교실은 정말 꼭 필요하다. 그래서 자녀가 돌봄교실에 들어갈 수 있게 되면 정말 기뻐하고 안도한다.

그러나 맞벌이 부부임에도 돌봄교실에 들어가고자 하는 학생들이 많으면 추첨을 통해 입급 여부가 결정될 수 있다. 이 추첨에서 탈락한 아이들은 차례가 될 때까지 대기 순번을 받고 기다려야 한다.

아이들에게 돌봄교실은 어떤 곳일까? 학교에 처음 온 날, 아이들은 같은 반에 처음 만난 친구, 처음 만난 선생님이 생겨서 어리둥절하고 낯설다. 돌봄교실에 갔을 때도 마찬가지다. 거기서도 처음 본 친구, 처음 본 돌봄 선생님을 만나 긴장하고 낯설 것이다. 아이는 입학 첫날부터 일반 교실에 적응하랴, 돌봄교실에 적응하랴 정신없고 혼란스러울 것이다.

돌봄교실은 방과후에 아이들을 돌보기 위한 공간이다. 그래서 학습 스트레스가 훨씬 적다. 학습활동이 거의 없기 때문이다. 날마다 아이들은 만들기, 그리기, 블록 놀이, 바깥 체육 활동 등 다양한 활동을 한다. 그래서 오히려 일반 교실 수업보다 더 재미있어하는 아이들이 꽤 많다. 일반 교실에서 수업할 때는 지켜야 할 규칙들이 많고 엉덩이를 의자에 붙이고 공부해야 해서 힘들었는데, 돌봄교실에서는 더 자유롭고 활발하게 놀 수 있다는 기대감에 활기를 되찾는 아이들도 많다.

그런데 돌봄교실에 다니는 아이들이 제일 싫어하는 게 있다. 갑자기 부모님께서 데리러 오는 시각이 늦어져서 돌봄교실에 제일 늦은 시각까지 혼자 남아 있을 때다. 부모님께서 데리러 오시겠다고 한 시간에 집에 갈 것을 생각하고 있던 아이들은 이러한 예측 못한 상황에 화를 내거나 속상해한다. 심한 경우에는 우는 아이도 있었다. 하지만 이런 돌발적인 상황도 아이들 대다수가 잘 적응하고 이해한다. 그렇다고 절대 아이들이 기다림에 익숙한 건 아니다.

어느 봄날이었다. 돌봄교실 옆을 지나가는데 우리 반 아이가 신발장 옆에서 뾰로통한 표정으로 왔다 갔다 하고 있었다. 그 아이는 원래 돌봄교실에서 조금 일찍 집에 가는 편이었는데, 그날은 4시 30분이 다 되어가는데도 아직 집에 안 갔다. 뭔가 이상했다.

"지영아, 집에 아직 안 갔어? 지영이 집에 일찍 가는 것 같던데?"

"엄마가 급한 일이 생겨서 오늘은 5시에 오신대요."

지영이 표정이 왜 그랬는지 이해가 갔다. 활발하고 명랑한 지영이가 풀이 죽어 있으니 마음이 쓰였다.

'마음을 좀 풀어줘야 할 텐데.'

"지영아, 우리 바깥에 나가서 좀 걷다가 올까? 혹시 나비가 있는지도 모르고."

"아니요. 나비도 집에 갔어요. 선생님은 그것도 몰라요."

말에서 삐짐이 정확히 느껴졌다. 오전에 교실에서는 친구들과 깔깔깔 웃으며 잘 놀았는데, 지금 지영이는 전혀 다른 모습으로 변해 있었다.

"그럼, 하고 싶은 거 없어? 선생님은 너랑 좀 놀고 싶은데."

"아니요. 없어요."

지영이 마음이 꽁꽁 얼어버렸다. 나는 열심히 지영이 마음을 녹이려고 애썼다.

"그럼, 혹시 엄마나 아빠한테 전화해 볼까?"

"…"

말이 없다는 것은 조금 효과가 있다는 신호라고 나는 해석했다. 기다리는 마음에 가장 특효는 기다리는 사람의 목소리 아니겠는가. 나는 지영이 어머님께 전화를 걸었다. 어머님은 바로 전화를 받으셨다. 차갑던 지영이는 엄마와 통화하면서 사르르 녹았다.

"엄마, 언제 와? 나 혼자만 기다리잖아. 친구들 다 갔단 말이야."

지영이 말에 삐짐은 없어지고 애교와 투정이 느껴졌다. 역시 효과가 있었다.

"어, 엄마 지금 가고 있어. 조금만 기다려."

"에이, 알았어. 빨리 와."

"지영아, 엄마가 서두르시면 위험하지!"

지영이는 내 말에 얼른 말을 바꿨다.

"아니, 엄마, 천천히 와. 운전 조심해. 사고 나면 안 되잖아."

엄마가 오시길 애타게 기다리면서도 엄마가 사고 날까 걱정하는 지영이의 마음에 나는 순간 뭉클해졌다.

전화를 끊은 지영이와 나는 돌봄교실로 다시 들어갔다. 그리고 물건들을 제자리에 정리하며 집에 갈 준비를 했다. 물건을 정리하는 지영이의 손길에 설렘이 넘실거렸다. 지영이 마음은 벌써 엄마와 함께인 듯 했다.

얼마 뒤에 기다리던 엄마가 들어서는 순간, 지영이는 환하게 표정이 바뀌었다. 이제 삐졌다는 표정은 전혀 찾아볼 수 없었다. 지영이는 엄마 손을 잡고 후다닥 신발을 갈아신고 씩씩하게 인사하며 집으로 갔다.

그날 일이 지금도 생생하다. 집으로 가던 지영이의 뒷모습. 조금은 고단한 얼굴로 나와 인사를 나누고 아이를 쫓아가던 어머님의 모습도….

다음 날에도 지영이는 엄마를 기다리며 돌봄교실에 있었을 것이다. 만약 예기치 않은 일로 엄마가 늦게 오시면 지영이는 똑같이 삐지고 화가 날 것이다.

그래도 지영이는 엄마가 빨리 오시는 것보다 안전하게 오시길 또 바랄 것이다. 고단한 지영이 어머님께서는 그래서 힘이 나고 행복하실 것이다.

〈검정교실, 파랑교실, 돌봄교실〉

빨간색, 처음 보는 친구들, 처음 보는 선생님이 있어요

주황색, 간식을 주는 기분 좋은 교실이네요

노란색, 그리기, 만들기, 블록 놀이 재미있는 놀이, 신나는 시간도 있어요

초록색, 시원한 산책 시간, 친구들과 뛰놀며 실컷 떠들어요

남색, 친구들이 하나씩 집에 돌아가요

검은색, 마지막으로 혼자 남아 있어요

창문 앞에 서서

엄마를 기다리고

신발장 옆에서 책 보며

아빠를 기다려요

종합장에 낙서를 석 장째나 하고 있는데도

아직도 기다려야 해요

온통 검정이에요

빨강, 주황, 노랑, 초록 모두 삼켜버린

검정 교실이에요

그래도 파랑을 생각할래요

엄마 아빠가 안전하게 오기를

무사히 와서

와락, 꼭 안아주기를 바라니까

파랑을 생각할래요

칭찬은 필수 영양소

초등학교 1학년 교실은 늘 시끌벅적하다. 1학년 아이들은 쉴새 없이 즐겁게 수다를 나누며 하루를 보낸다.

"수업 시간이니까 친구들끼리 얘기는 그만 하세요."

선생님이 이렇게 얘기해도 아이들의 수다 본능은 막을 수 없다. 무슨 이야기를 그렇게 하는지 궁금해서 가만히 옆에 가서 들어보면 별다른 게 없다. 아주 사소한 얘기다. 그런데 멀리서 보면 정말 재미나게 느껴지는 게 함정이다.

내 책상 앞자리에서 한참 재미나게 대화를 나누는 아이들 무리가 있었다. 잘 들리지는 않지만 무슨 얘기를 그렇게 재미있게 나누는지 그 모습이 귀엽고 사랑스러웠다. 부끄럽지만, 나는 그 아이들이 눈치채지 못하도록 컴퓨터로 업무를 보는 척하며 슬쩍 엿들었다.

대화 내용은 대충 이랬다. 어제 한 아이가 학교에 왔는데 자기가 제일 먼저 왔다며 자랑했다. 그러자 다른 아이가 자기는 엊그제 학교에 1등으로 왔었다고 지지 않고 말했다. 그 얘기에 다른 아이들이 '와' 하고 감탄했다. 나는 그만 '풋' 하고 웃어버렸다. 저런 시시한 것을 자랑하고 감탄하는 아이들이 재밌어서 웃음이 터져 나왔다. 그때 미소만 짓고 있던 한 아이가 말했다.

"나는 어제 학교 와서 엄마가 너무 보고 싶었거든. 집에도 가고 싶어서 울고 싶었어. 근데 꾹 참았어. 그래서 엄마 아빠한테 칭찬받았다!"

'아! 그랬구나!'

나는 그제야 어제 성훈이 눈이 왜 촉촉했었는지 알았다. 녀석! 대견하고 기특했다. 나도 당장 칭찬해주고 싶었다. 그런데 엿듣고 있던 게 탄로 날까 봐 그러지 못했다. 그리고 칭찬은 다른 아이가 선수 쳤다.

"아이고, 잘했네!"

예준이였다. 그 아이는 마치 어른처럼 성훈이를 칭찬했다. 성훈이는 기분이 좋아 보였다. 성훈이는 마치 어깨에 훈장이도 단 듯 자랑스러워했다.

아이들은 칭찬을 받을 때면 마치 큰 전쟁을 승리로 이끌고 돌아오는 개선장군처럼 당당하고 자신감이 넘친다. '칭찬'이라는 두 글자의 위력은 대단하다. 아이들에게 칭찬은 좋은 영양제다. 특히 매일 함께 사는 엄마 아빠의 의미 있는 칭찬은 최고급 영양제다.

아이가 학교에 막 입학한 시기에는 조그만 성장이라도 크게 칭찬해주면 좋다. 아이들이 하교 후 집에 와서 하는 얘기 중 한 가지만이라도 꼭 칭찬해주면 좋겠다.

칭찬할 거리는 아이의 생활 속에 무수히 많다. 아침 등교 때 만난 친구와 인사 나눈 얘기, 친구에게 지우개 빌려준 얘기, 급식을 흘리지 않고 받아서 자리에 앉은 얘기 등 아이가 하루 동안 한 일 중에 하나만 찾아서 진심으로 칭찬해주면 된다.

어른의 시각에선 칭찬할 거리가 참 사소하다고 생각할 수도 있다. 그러나 아이 마음에서 생각해 보면 그렇지 않다. 학교에 갓 들어간 아이들이 무사히 학교만 잘 다녀와도 칭찬할 일인데, 지우개 없는 친구에게 지우개를 빌려줬다니 당연히 칭찬받아 마땅하다.

아이들은 칭찬을 먹고 자라는 나무들이다. 적당한 칭찬이 없이는 낯선 학교생활에 적응할 용기와 도전도 생기지 않는다. 아이들은 주기적으로 칭찬을 먹으며 자라야 한다. 칭찬은 성장 발달에 꼭 필요한 필수 영양소다.

〈네 글자 느낌표〉

새 친구를 만났어요

오호, 그래!

엄마 말에 나는 토끼처럼 뛰어요

급식을 다 먹었어요

와, 대단해!

아빠 말에 나는 나비처럼 날아요

공부 시간에 발표도 했어요

와, 멋진데!

엄마 말에 나는 풍선처럼 둥둥 떠올라요

달리기하다 넘어졌는데 안 울었어요

음, 씩씩해!

아빠 말에 나는 바람처럼 하늘을 날아요

사랑하는 가족

학교는 아이들에게 있어 공적인 사회활동의 장소다. 그래서 반 친구들이 자신을 어떻게 평가하는지에 관심이 많아 반 친구들에게 좋은 인상을 주고 싶어 한다. 쉽게 말하면, 체면을 중시한다고 할 수 있다.

예를 들면, 주말에 한 친구가 어떤 영화를 보고 왔다고 하면 그걸 듣고 있던 다른 아이들은 '나도 그 영화 볼 건데' 혹은 '나도 봤어' 같은 말을 꼭 붙인다. 물론 친구와 공감대를 형성하고 싶은 마음에 그러기도 하지만 친구에게 지고 싶지 않은 이상한 심리가 작동해서 그렇게 말하는 경우도 많다. 특히 서로 가족에 대한 자랑을 늘어놓을 때는 경쟁이라도 하듯이 저마다 자기 아빠 엄마가 최고로 좋은 사람이라고 뽐낸다.

한 아이가 아빠에게 좋은 선물을 받았다고 하면, 다른 아이는 자기 아빠가 주말에 놀이공원을 같이 가줬다고 자랑을 하며 기죽지 않으려고 한다. 또 한 아이가 생일선물로 갖고 싶었던 책을 엄마가 선물해 줬다고 하면, 다른 아이는 그 선물을 자기도 받기로 했다면서 맞받아친다. 그런 모습을 바라보고 있노라면 아이들의 순수한 경쟁심에 웃음이 절로 난다.

어느 날, 돌봄교실에서 있었던 일이다. 나는 돌봄교실에서 간식으로 나온 요구르트를 마시고 난 뒤 병을 잘 씻어와서 분리수거를 하자고 제안했다. 아이들은 흔쾌히 화장실에 가서 잘 씻어 오겠다고 했다. 한 명씩 씻어와서 버리는 모습을 보고 흐뭇하게 지켜보고 있었는데, 한 아이가 요구르트병을 깨끗이 씻어 오면서 바깥에 붙은 비닐도 잘 벗겨서 분리해서 가져왔다. 난 너무나 대견해서 크게 칭찬하며 물어보았다.

"어머, 세상에! 분리수거하는 방법을 잘 알고 있구나! 가르쳐주신 분이 계시니?"

"네, 우리 엄마가 이렇게 집에서 분리수거해요."

"아, 훌륭하신 부모님이시다! 넌 참 좋겠구나."

그러자 아이들이 나를 보며 한마디씩 했다.

"우리 아빠도 분리수거 이렇게 해요."

"나도 분리수거 이렇게 하는 거 엄마한테 배웠는데."

"나도 이렇게 하는 거 배웠어. 우리 엄마도 잘 알아."

모두 자신의 엄마 아빠가 그 친구의 엄마에게 뒤질세라 큰소리로 내게 말했다. 나는 터져 나오는 웃음을 참으면서 아이들의 부모님 모두 정말 훌륭하신 분들이라며, 너희들이 모두 잘 배워서 우리나라 환경이 깨끗해지겠다고 얘기해 줬다.

그 말을 들은 아이들의 표정은 '그럼, 그렇지요! 당연한 말씀이에요', '우리 엄마 아빠도 정말 훌륭하시지요' 하는 뿌듯한 표정으로 각자 자리로 돌아갔다.

아이들이 집에서는 어떻게 행동하는지 모르겠지만, 바깥에서는 누구보다 가족을 사랑하는 마음을 친구에게 뒤지고 싶어 하지 않는다. 또 사랑하는 부모님이 친구들 부모님보다 더 나으면 낫지, 못 하지 않는다고 편을 든다. 마치 외국에 나가면 모두가 애국자가 된다는 말처럼 평소 불만이 있는 부모님이어도 친구들 부모님보다 더 좋고 훌륭하다고 얘기한다. 만약 그게 진실이 아니더라도 남들 앞에서는 그렇게 말한다.

그런 모습을 볼 때면, 아이들 마음 깊은 곳엔 부모님과 가족에 대한 사랑이 얼마나 깊은지를 실감할 수 있다. 집에서 툴툴거리고 짜증을 자주 부리는 아이일지라도 학교에서는 친구들 앞에서 자기 엄마가 가장 예쁘고 착한 엄마라고 자랑하는 걸 보면 내 자식이 아니어도 든든한 마음까지 든다.

가족에 대한 작은 불만이나 일시적인 미움은 친구들 사이에서 쉽게 잊혀지나 보다. 다른 사람 앞에서는 가족에 대한 기본적인 마음, 바로 아끼고 사랑하는 아이들의 본심만이 드러난다.

혹시나 집에서 아이가 계속 짜증을 부리고 신경질을 내고 말을 잘 듣지 않더라도 바깥에서는 누구보다도 가족을 사랑하고 아끼고 있다는 걸 이 세상 모든 부모가 알았으면 좋겠다. 그리고 아이에게 늘 부족한 것만 같아서 자신을 탓하거나 아이에게 미안한 마음이 있는 부모라면 이 글을 통해 그런 마음을 버렸으면 좋겠다.

아이들은 한결같이 부모님을 사랑하고 있다. 하루가 고단하고 힘들어도 사랑스러운 아이들의 마음에 이제부터라도 가슴을 쫙 펴시고 목에 힘주시고 사시면 좋겠다.

〈우리 엄마도!〉

우리 엄마는 요리사다
우리 엄마는 특급 요리사다

우리 엄마는 공주님이다
우리 엄마는 왕비님이다

우리 엄마는 수학 박사다
우리 엄마는 수학 천재다

우리 엄마는 달리기 선수다
우리 엄마는 달리기 국가대표다

너희 엄마도?
그래, 우리 엄마도!

사랑이 담긴 칭찬

켄 블랜차드의 〈칭찬은 고래도 춤추게 한다〉라는 책이 우리나라에 칭찬 열풍을 불러일으킨 적이 있다. 이 책은 긍정적인 피드백으로 아이의 성장과 발전을 더욱 좋은 방향으로 이끌 수 있음을 보여주었다.

아이가 혹여 잘못된 행동을 하더라도 그것에 초점을 두지 말고, 좋은 행동 하나를 찾아 칭찬하는 것이 잘못된 행동을 안 하도록 하는 데 도움이 된다고 한다. 아이의 부정적인 측면에 쏠린 관심을 줄이고, 대신 긍정적인 면을 부각하고 강화하면 아이는 더 훌륭하게 커갈 수 있다고 했다.

나는 저자의 생각에 전적으로 동의한다. 칭찬은 아이들을 올바르게 성장시키는 데 있어서 자신감을 키워주고 긍정적인 자아상을 형성하는 데 아주 유용하다.

물론 모든 칭찬이 그렇게 작용하지 않는다. 저자가 책에서도 말하고 있듯이 효과적으로 칭찬하기 위해서는 결과보다는 과정을 중심으로, 두리뭉실하기보다는 구체적인 내용을 언급해야 한다. 그리고 거기에 덧붙여 의미 있는 칭찬이 중요하다고 강조하고 싶다.

의미 있는 칭찬이란 의미 있는 행동에 대한 칭찬이 아니라, 칭찬을 받아들이는 아이가 의미 있게 여길 수 있는 칭찬을 뜻한다. 칭찬에는 여러 가지가 있을 수 있지만, 그중에서도 아이가 듣고 싶은 칭찬, 아이가 관심 있는 것과 관련된 칭찬을 해줄 때 진정 의미가 있다고 생각한다.

나는 해마다 우리 반 아이들과 '칭찬 이어달리기'를 하고 있다. 이 활동은 칭찬할 만한 일을 한 친구를 칭찬하는 활동으로, 먼저 한 아이가 다른 아이를 칭찬하면 칭찬받은 아이가 또 다른 친구를 칭찬하는 식이다.

처음 이 활동을 시작했을 때 아이들은 어떤 것을 칭찬해야 하는지 잘 몰랐다. 초기에 아이들이 다른 친구를 칭찬한 내용은 '머리가 예쁘다', '힘이 세다' 등 외모나 신체 조건과 관련된 것들이 많았다. 그래서 나는 이 활동을 조금 변형해야 했다.

우선, 아이들에게 칭찬받을 만한 친구를 찾아서 칭찬하는 것이 아니라, 자기가 칭찬받고 싶은 걸 말하는 활동을 하게 했다. 칭찬받고 싶은 일을 말하면 다른 친구들이 그걸 칭찬한다는 게 엎드려 절받는 게 아니고 뭐냐고 할 수도 있다. 사실 조금은 이상할 수도 있지만, 켄 블랜차드가 '칭찬 10계명'에서 말하는 것처럼 '자기 자신을 칭찬'하는 것 또한 좋은 일이 아닌가.

'칭찬 이어달리기'는 스스로 언행을 되돌아보는 데서 시작한다. 자신의 어떤 언행이 칭찬받을 만한 거라고 생각되면 그것을 친구들 앞에서 발표했다. 약간의 설명과 안내를 받고 아이들은 칭찬받을 만한 자신의 언행을 자세히 이야기했다.

"어제 집에 갈 때 신발장에 서훈이 실내화가 떨어져 있었는데 제가 서훈이 신발장에 넣어주었어요."

"오늘 우현이가 지우개를 안 가져와서 제가 빌려줬어요."

"주희 책상이 더러워서 제가 같이 닦아줬어요."

"아까 쉬는 시간에 소망이가 블록에 다쳤는데, 제가 괜찮냐고 말해줬어요."

아이들의 발표를 들으며 나는 만족했다.

"여러분이 자신을 칭찬하는 걸 잘 하네요. 이런 방법으로 친구들도 칭찬하면 돼요. 한번 연습해 봅시다. '너 옷이 참 예쁘다' 이렇게 칭찬하는 건 어떤 것 같아요?"

"그건 칭찬할 게 아닌 것 같아요. 그냥 듣기 좋게 말하는 거예요."

"친구가 그 말을 듣고 기분이 좋으라고 하는 말 같아요."

"맞아요. 아무리 친구가 듣고 싶다고 해도 '진짜 칭찬'인지 아닌지 생각해봐야 해요. '진짜 칭찬'이 뭘까요?"

"착한 일을 칭찬하는 거요."

"친구가 잘했다고 생각했을 때 칭찬하는 거예요."

"선생님도 그렇게 생각해요. '진짜 칭찬'은 친구들에게 진짜 있었던 일을, 내가 진심으로 잘했다고 생각하는 걸 칭찬하는 거예요. 그리고 친구의 마음을 생각하며 칭찬하는 거예요."

다음으로 나는 아이들에게 친구 칭찬하기 연습을 해보자고 제안했다. 쉽게 말해 칭찬의 대상을 자신에서 친구들로 돌리기만 하면 된다고 알려줬다.

"자, 역할놀이 해볼게요. 승준이가 어제 숙제를 정말 열심히 해왔어요. 무척 어려웠는데 생각을 많이 해서 수학 숙제를 혼자서 해온 거예요. 그럴 땐 어떻게 칭찬해주면 좋을까요?"

한 아이가 손을 들고 말했다.

"승준아, 어려웠을 텐데 열심히 숙제했구나."

"좋아요. 승준이는 어려운 숙제를 한 것에 대해서 칭찬받고 싶었는데, 연우가 그렇게 말해줘서 아주 기분이 좋았을 거예요."

이제 아이들이 '진짜 칭찬'은 어떻게 하는 것인지 이해한 것 같았다.

"여러분은 앞으로 칭찬할 때 어떻게 하면 좋을까요?"

"저는 친구가 듣고 싶은 칭찬을 해줄 거예요."

"가짜 칭찬은 안 해야 해요."

"친구가 잘한 일을 칭찬해줄 거예요."

"네, 선생님도 그렇게 생각해요. 예쁜 옷이나 좋은 학용품이 아닌, 그 친구의 좋은 말과 행동 속에서 칭찬할 걸 찾아서 칭찬하는 게 좋아요."

그 뒤부터 우리 반 '칭찬 이어달리기'는 '진짜 칭찬'의 말로 '친구 칭찬하기'와 '자기 칭찬하기' 두 가지를 함께 하고 있다. 시간이 흐르면서 차츰 아이들의 표정이 바뀌고, 교실 분위기가 바뀌는 게 눈에 띄게 드러났다.

한 아이가 내게 와서 칭찬 이어달리기가 정말 재미있다고 말했다.

"현욱이는 칭찬을 들으면 기분이 어떤데?"

"집에서도 그 칭찬이 자꾸자꾸 생각나고요, 기분이 계속 좋아요."

현욱이에게 '진짜 칭찬'의 효과가 일어나고 있었다. 반짝거리는 현욱이의 눈 속에는 자신에 대한 사랑과 자부심이 가득했다. 그런 아이를 보며 나 또한 기분이 좋고 흐뭇했다.

사람은 누구나 칭찬을 좋아한다. 아이들은 특히 더 그렇다. 아이들은 칭찬을 먹고 자란다. 그런데 같은 칭찬이라도 아이들에게 더 의미 있는 칭찬을 하고 싶다면, 아이들이 듣고 싶은 칭찬을 해주자. 이런 칭찬을 들은 아이들은 더욱 마음이 튼튼하고 건강해진다.

우리 아이들은 '진짜 칭찬'을 듣고 자랄 때 활짝 웃는다, 아름다운 목소리로 노래하고, 신나게 춤을 춘다.

〈듣고 싶은 말〉

듣기 좋은 말은
알록달록 예쁜 새 옷 같은 말
달콤하고 맛 좋은 케이크 같은 말
반짝반짝 빛나는 새 신발 같은 말

하지만 내가 듣고 싶은 말은

봄 햇볕에 돋아난 새싹 같은 말

여름밤 숲속에 부엉이 노래 같은 말

가을날 티 없이 파란 하늘 같은 말

겨울 아침 따뜻한 우유 같은 말

들으면 들을수록

보들보들 강아지처럼 가슴속에 품고 싶은 말

그런 말을 해주세요.

아름다운 진심

황순원의 소설 [소나기]에는 순수하고 아름다운 소년과 소녀의 마음이 서정적인 이야기로 펼쳐진다. 소설에서 조약돌은 소년의 소녀에 대한 그리움의 상징이다. 소년은 둘 사이에 소중한 추억이 담긴 조약돌을 소녀가 보고 싶을 때마다 만져보며 그리움을 달랜다.

이렇듯 우리는 물건에 사연이 담기면 가치 있게 여기고 소중히 아끼며 오래도록 간직한다. 나에게도 소설 속의 조약돌 같은 추억이 있는 아이가 있다. 1학년이 되어 나와 만난 아이는 예민하고 고집이 셌다. 잘 토라지고 하기 싫은 일은 절대 하지 않으려고 했다. 지각하는 날이 잦았고, 자기 자리 주변 정리도 하지 않음은 물론, 수업 시간에 책도 펴지 않는 일이 많아서 한동안 상당히 관심을 쏟아야 했었다.

하지만 그 아이는 장점도 많았다. 항상 교실에 들어서면서 나에게 먼저 인사해주는 예의 바른 모습이 있었다. 또 다치거나 어려움이 생긴 친구들을 위하는 마음도 다른 아이들보다 넓고 깊었다. 급식도 가리지 않고 골고루 잘 먹어서 급식지도도 다른 아이들보다 수월했다. 무엇보다 그 아이의 글에는 아이다운 순수한 감정이 잘 표현되어 있어서 감동적이었다.

나는 그 아이와 금세 친해졌다. 나는 아이의 장점을 발견해 가면서 호감이 커졌고, 아이는 있는 그대로의 자신을 인정해주는 나를 받아주었다. 그렇게 우리는 좋은 사제지간이 되었다.

어느 날 아침, 여느 때처럼 그 아이가 교실에 들어서면서 나를 향해 아침 인사를 건넸다.

"아이고, 우리 윤이 왔구나. 아침밥 잘 먹었어?"

"네, 선생님. 오늘 아침 사과가 정말 맛있어서 선생님 드리려고 가져왔어요."

윤이는 주머니에서 사과 조각을 꺼내 내 앞에 내밀었다. 아침에 먹었던 사과가 무척 맛있어서 나에게 주고 싶은 마음에 엄마 몰래 주머니에 담아 가져왔다고 했다.

"어머나!"

감동이었다. 그런데 주머니에서 꺼낸 사과는 온통 먼지가 묻어서 도저히 먹을 수가 없었다. 게다가 말캉하게 물러진 걸로 봐서 윤이가 주머니에 넣고 학교 오는 길에 얼마나 많이 만지작거렸는지 짐작할 수 있었다. 선물은 받는 사람보다 주는 사람이 행복한 것처럼, 말랑해진 사과에서 윤이의 설렘이 고스란히 느껴졌다. 선생님에게 준다고 사과를 가지고 가는 마음이 오죽 신이 났을까. 진한 감동에 순간 울컥했다. 웃다가 우는 꼴이 될 뻔했다.

"정말 고마워! 선생님이 사과 좋아하는 걸 어떻게 알았니? 고마워, 정말! 그래도 다음에는 안 가져와도 되니까 우리 윤이 맛있게 많이 먹고 와."

"아니요, 다음에도 선생님 드릴 거예요."

윤이는 부끄러운 듯 얼굴이 빨개진 채로 하얀 치아를 드러내며 싱그럽게 웃었다. 윤이는 '선생님도 제가 사과를 드리니 좋으시잖아요' 하고 말하는 듯한 눈빛으로 나를 바라봤다. 어린 줄로만 알았던 녀석의 마음에 커다란 나무 한 그루가 있는 듯 듬직해 보였다.

'이렇게 따뜻하게 사랑을 표현하는 것을 어디서 배웠을까?'

'이 아이가 보여주는 사랑은 어떻게 이토록 아름다울 수 있을까?'

윤이가 주무르고 온 사과. 그때 나는 세상 어느 사과보다 값지고 귀한 사과를 보았다. 누가 '아름다움이 무엇인가?'라고 질문한다면, 나는 바로 그때 그 사과야말로 아름다움의 결정체라고 말할 것이다.

아이들의 사랑에는 계산이 없다. 아이들은 좋아하고 사랑하는 마음을 표현할 때는 다른 것을 생각하지 않는다. 깨끗하거나 더럽다는 개념도 중요하지 않다. 값비싼 것인가 그렇지 않은 것인가를 따지지도 않는다.

아이들의 사랑엔 믿음이 있다. 아이들은 자기가 아끼고 소중한 것이니 분명 선생님도 아껴주실 것이라는 믿음이 충만하다. 아이들 마음에는 자기가 사랑하는 만큼 선생님도 나를 사랑한다는 믿음이 가득하다. 자신의 감정에 오로지 집중하여 순수하고 맑은 마음을 그대로 전달할 뿐이다. 감히 어른들은 따라 할 수 없는 숭고한 마음이다.

〈사과 한 조각〉

아침 식탁에 올라온

사과 한 조각

달콤새콤 맛도 좋아

엄마 몰래 바지 주머니에

쏘옥

소중하게 조심조심

무사히 잘 있나?

한 번, 두 번, 여러 번

만지작만지작

조심스레 두 손 모아 우리 선생님께 드리는

사과 한 조각

선생님을 만나서

부끄러워 얼굴이 빨개졌나 봐

선생님이 좋아서

하얀 이가 보이게 웃고 있나 봐

내 마음을 닮은

사과 한 조각

2

즐거움이 가득한
아이들

청소 시간, 놀이 시간

내가 초등학교 1학년이었을 때, 우리 반 교실 청소는 매일 하교 후에 친구들 어머님들께서 해주셨다. 우리가 청소하는 시간도 있지만 아무래도 어린아이들이라 손이 야물지 못하니 어른들의 손이 필요했었나 보다. 맞벌이였던 우리 어머니께서는 교실 청소를 도우실 수 없던 처지였다. 그래서 나는 평소 내 주변을 더욱 깨끗이 쓸고 닦았다. 어린 마음에 자존심이었는지 서운함이었는지, 그때 그냥 내 자리는 누가 청소하지 않아도 될 정도로 깨끗하게 하고 싶었다.

요즘 1학년 교실 청소는 거의 담임선생님들이 한다. 하지만 우리 반 아이들도 청소 시간이 있다. 자신의 주변을 청결하게 유지

하는 습관은 어릴 때부터 중요하니 나는 좋은 습관 형성을 위해 아이들에게 청소를 하게 한다. 우리 반 청소 시간은 단 5분이다. 그렇게 짧은 시간 동안 청소가 될 리는 없으니 아예 없는 것과 뭐가 다르냐고 생각할 수도 있다. 그래도 청소를 하게 되면 적어도 자신의 주변을 살펴보며 청소 경험이라도 하게 되니 아예 안 하는 것보다는 낫다. 다시 말해 교실을 깨끗하게 한다기보다 청소 경험을 해본다는 데 의의가 있다.

우리 반 아이들은 청소 시간을 무척 좋아한다. 청소 방법은 간단하다. 아이들이 다 같이 개인 청소 도구를 들고 자기 자리 주변의 쓰레기를 모아 담아 버리고 난 뒤에 깨끗하게 손 씻기로 마무리한다. 내가 교실의 TV 화면에 타이머 프로그램을 켜고 '5분 청소 시작!'을 외치면 아이들은 앙증맞은 작은 크기의 청소 도구를 들고 청소를 시작한다. 책상 위와 아래에 떨어진 휴지를 줍고 빗자루로 잘 쓸어 담아 교실 앞쪽 휴지통에 버린다. 워낙 청소할 공간이 좁다 보니 아이들은 자기 자리 주변뿐만 아니라 다른 아이들 주변도 함께 청소해 준다. 어떤 아이들은 자기 주변 청소는 안 되어 있는데, 시작부터 친구 자리 주변으로 가서 청소하기도 한다. 청소를 핑계 삼아 친구 옆에 가서 놀고 싶은 것이다.

"자기 자리 먼저 청소하고, 친구 자리도 도와주세요."

이렇게 얘기해도 소용없다. 친구가 저렇게 좋은 걸 어떡하겠는가. 체념하는 마음으로 그 아이들을 바라보고 있자면 다른 아이들이 그 아이 자리를 청소하고 있다. 이렇게 아이들이 서로 함께 도우며 청소하는 모습은 훈훈하고 정겹다.

하지만 고학년 아이들의 청소 시간은 이런 1학년과 다르다. 6학년을 담임했을 때 경험한 바로는 그 아이들에게 청소 시간은 귀찮고 번거로운 시간으로 느껴지는 것 같았다. 청소를 안 하고 노는 아이들, 시늉만 내는 아이들, 서로 자기 쓰레기가 아니라면서 다투는 아이들이 많았다. 이때 그들이 다투는 원인은 자기 자리 경계의 모호함 때문이었다. 고학년 아이들은 청소 시간에 큰 소리를 내며 말다툼을 많이 했다.

"내가 버린 거 아냐!"

"내 것도 아니거든!"

이렇게 서로 쓰레기가 자기 것이 아니라며 줍지 않고 있다가, 성질이 급하거나 말다툼을 피하고 싶은 아이가 먼저 주워 버려야 해결이 되는 경우가 많았다. 그렇지 않을 땐 험한 말이 오가고 주먹질까지 하는 경우도 있었다.

1학년 교실에서는 이런 일이 없다. 1학년 아이들은 청소가 귀찮다거나 하기 싫다는 부정적 인식이 아니라, 오히려 우리 반 아이들은 청소 시간을 소꿉놀이하듯 청소를 즐긴다.

"선생님, 저는 빗자루를 처음 써봤어요. 학교 와서요. 집에는 이게 없어요."

우리 반에서 특히 청소 시간에 열심히 청소를 잘하는 아이의 말이다.

"정말? 영민이는 그래서 청소가 재밌어?"

"네, 빗자루로 쓰니까 꼭 신데렐라 놀이 같잖아요."

평소 공주 옷차림을 즐기는 영민이는 청소 시간을 신데렐라가 되어보는 시간으로 여기는 듯 청소를 하고 있었다. 정말 참신한 생각이 아닐 수 없었다.

"영민아, 참 재미있는 생각이다!"

우리 대화를 듣고 있던 다른 아이들도 거들었다.

"맞아요, 선생님! 백설 공주 놀이 같기도 해요. 백설 공주도 일곱 난쟁이들 집을 청소하잖아요."

"아, 그럼 여러분은 백설 공주도 되는 거예요?"

여자아이들은 수줍은 듯 재미있는 표정을 지으며 웃었다.

"선생님, 그런데 남자가 청소하는 건 생각이 안 나요."

골똘히 생각하던 진호가 말했다.

"그렇네, 정말. 청소하는 남자 이야기는 별로 없네. 잠깐만 선생님이 얼른 인터넷에 찾아볼게."

나는 청소를 하다 말고 컴퓨터 앞에 앉아 인터넷을 검색했다.

"아, [행복한 청소부]가 있어. 이 책의 주인공 청소부 아저씨는 청소하는 일에 행복을 느끼고 살았던 사람이래."

내가 모니카 페트의 그림책 [행복한 청소부]에 나오는 주인공 청소부에 대한 간단한 소개를 해주자, 남자아이들은 고개를 끄덕이며 관심을 보였다.

아이들과 청소를 하다 말고 인터넷 검색을 하는 내가 유난스럽다는 생각도 들었다. 그런데 그만큼 아이들에게 청소 시간이 재미있고 의미 있는 시간이었다. 아이들이 고학년에 가서도 청소 시간을 이렇게 재미있게 즐겼으면 하는 바람도 있었다.

세상에 놀이를 싫어하는 사람은 없다. 재미를 좇는 건 본능이다. 1학년 아이들은 청소를 놀이처럼 즐긴다. 그게 가능한 이유는 무엇일까? 아마도 아이들이 청소를 청소로만 보는 순수하고 건강한 마음 때문이라고 생각한다.

집에서는 장난감을 정리하거나 하는 일을 귀찮아하고 하기 싫어하는 아이들이 있을 것이다. 하지만 학교는 자신이 하지 않으면 아무도 해주지 않는 곳이라는 걸 아이들은 자연스럽게 이해한다. 그러니 스스로 청소하는 게 전혀 귀찮지 않고, 이상하지 않은 것 같다.

우리 반 아이들이 청소를 즐기며 한다는 것은 아이들의 웃음소리로도 알 수 있다. 아이들이 교실 바닥도 쓸겠다면서 의자 밑으로, 책상 밑으로 들어가면 어느새 청소는 뒷전이고 주변 친구들과 깔깔깔 웃고 떠드느라 바쁘다. 좁은 공간에 숨바꼭질하듯이 웅크리고 앉아 작은 목소리로 서로 무슨 얘기를 주고받는지, 빗자루질하면서도 아이들은 시종일관 웃는다. 아이들은 청소 시간이 끝날 때면 이렇게 말한다.

"벌써 5분이 지났어요? 와, 시간이 엄청 빠르네!"

즐거운 청소 덕분에 5분은 더욱 짧게 느껴지나 보다. "천재는 노력하는 자를 이기지 못하고, 노력하는 자는 즐기는 자를 이길 수 없다"라는 말처럼, 청소를 제일 잘하는 사람은 청소를 즐기는 아이들이다. 청소를 즐기면서 하니 청소 결과도 썩 나쁘지 않다. 재미와 놀이가 만든 웃음의 효과다.

〈청소시간 숨바꼭질〉

5분 청소 시작!

빗자루가 오늘도 술래다!

모두 모두 꼭꼭 숨어 있었지?

자, 이제 쓰레기들을 모조리 찾아낼 테다!

아, 의자 밑에 웅크린 화장지 등이 보인다!

찾았다!

쓱쓱 쓰레받기 속에 쏙!

아, 책상 밑에 고개 숙인 색종이 조각 뒤통수가 보인다!

찾았다!

쓱쓱 쓰레받기 속에 쏙!

아, 사물함 뒤편에 떨어진 시험지 어깨가 보인다!

찾았다!

앗, 내 시험지!

이건 아무도 못 보게 내 가방에 쏙!

감출 수 없는 본능, 감춰지지 않는 본능

질주 본능이라는 말이 있다. '질주'라는 말은 '빠르게 달린다'는 뜻이고, '본능'이라는 말은 '만들어진 것이 아닌, 타고난 그대로의 것, 어떤 감정이나 욕구 충동'을 말한다.

흔히 질주 본능과 연관된 이미지로 뻥 뚫린 사막을 거칠게 내달리는 사륜구동 자동차나 엄청난 속도로 트랙을 도는 레이싱카를 떠올릴 것이다. 하지만 나는 우리 반 아이들이 떠오른다.

내가 근무하는 학교는 커다란 운동장과 작은 뜰이 몇 개 있다. 1학년 교실 건물 뒤쪽으로는 갖가지 나무와 풀이 우거진 작은 정원도 있다. 수시로 아이들과 바깥으로 나가 산책을 하며 꽃과 나무, 곤충 등을 관찰하기 좋은 환경이다.

나는 점심을 먹고 아이들과 학교 산책을 하는데, 미세먼지가 많거나 비가 심하게 오는 날이 아니면 빠뜨리지 않으려고 한다. 교실이 아닌 바깥으로 나오면 아이들의 질주 본능이 시작된다. 평소에 건물 안에서는 뛰지 않아야 한다. 대신 바깥에 나가면 실컷 뛰어도 좋다고 했으니, 아이들이 이곳저곳 마음껏 뛰어다녀도 난 할 말이 없다. 다만 다치지 않기만을 강조한다. 이럴 땐 걷거나 앉아 있는 아이들은 한 손에 꼽을 정도다.

산책하는 도중 아이들은 누가 시작한다는 말도 없이 술래잡기 놀이를 한다. 한 아이가 갑자기 잡으러 가면 그게 시작이다. 뛰는 듯 나는 듯 아이들은 쉴새 없이 움직인다.

학교의 여러 장소에 대해 배울 때 아이들이 제일 좋아하는 곳이 어디인지를 손들기 투표로 선택한 적이 있다. 역시 1등은 운동장이었다. 아이들에게 운동장으로 나가서 수업하자고 하면 다들 환호하고 좋아한다. 지금껏 한 번도 싫다고 거부한 적이 없었다.

운동장은 질주 본능에 최적의 장소다. 아이들은 운동장을 보자마자, 마치 레이싱카가 출발 신호를 듣고 달리듯 재빠르게 넓은 운동장으로 내달린다. 누가 먼저랄 것도 없이 모두 달린다. 내가 불러 모으기 전까지 계속 사방으로 뛰어다닌다. 왜 달릴까? 달리는 이유는 없다. 어디로 달릴까? 그냥 운동장 아무 곳으로나 달린다. 아이들은 친구가 달리니까 달린다. 그냥 서로 마주보고 웃으며 신나게 달린다.

그런데 문제는 이런 질주 본능이 수시로 작동되는 게 문제다. 귀에 딱지가 앉도록 건물 안에서는 뛰지 말고 걸어 다니라고 해도 아이들은 그게 몸에 익숙하지 않다. 그래서 복도, 계단, 교실 책상 사이를 마구 뛰어다닌다. 내 잔소리는 그냥 의미 없는 메아리가 될 뿐이다.

"쉬는 시간입니다. 화장실 다녀오세요."

내 말이 다 끝나기도 전에 아이들은 교실 밖으로 튀어 나간다. 그러다 다른 반 아이와 복도에서 충돌하기라도 하면 크게 다칠 수 있어 나는 여간 걱정되는 게 아니다. 그러니 잔소리 많은 엄마처럼 나는 아이들 뒤를 쫓아다니며 "걸어요, 뛰지 마세요"라는 말을 입에 달고 다니지 않을 수 없다.

그런 내 잔소리에 아이들이 아무 반응을 하지 않는 것은 아니다. 큰소리로 "걸어 다니세요!"라고 말하면, 한 1, 2초 동안은 아이들이 멈칫하고 들어준다. 그러다 바로 뒤돌아 뛰어가 버린다. 나는 결코 아이들의 질주 본능을 이길 수 없을 것 같다. 부디 아이들이 다치지 않기를 바랄 뿐!

질주 본능과 함께 아이들의 대표적 본능을 하나 더 꼽는다면 수다 본능이다. 1학년 아이들은 정말 말이 많다. 조금 과장해서 말하면 등교하는 순간부터 아이들은 수다 삼매경이다.

며칠 전, 아침에 있었던 일이다. 우리 반 한 아이가 분명 교실 앞문을 지나쳐 신발장으로 가는 걸 봤는데, 한참이 지나도 교실로 들어오지 않았다. 혹시 화장실에 가서 볼일을 보는 데 문제라도 생겼나 싶어서 복도로 나가 봤더니 그 아이가 옆 반 아이와 한참 얘기 중이었다. 교실에 들어갈 생각은 잊은 듯 나를 보고도 계속 대화를 이어갔다.

"강희야, 5반 친구랑 할 얘기가 많아?"

"네."

아이는 나를 슬쩍 보고는 계속 얘기를 이어갔다.

"이제 교실에 들어와야지?"

"네, 잠깐만요."

내가 알기로 5반 친구는 강희가 매일 학교 끝나고도 같이 가는 친구다. 거의 매일 만나면서도 아침부터 무슨 얘기가 저렇게 많은지 알다가도 모를 일이었다.

그런데 우리 반 수다 본능 최강자는 따로 있었는데 동준이라는 남자아이이다. 내게 아침 등교 인사를 하고는 곧바로 친구와 수다 삼매경에 빠져들다 보니 내 응답 인사를 잘 안 받아줬다. 예의가 없는 것이 아니라 수다 본능 때문이다.

"선생님, 안녕하세요?"

"어, 그래, 동준아, 안녕?"

동준이는 교실 문을 열자마자 내게 인사를 하는 예의 바른 아이다. 그런데 내가 아이 인사를 받고 대답을 하려고 하면 이미 다른 아이와 대화 중이다. 거의 매일 교실로 들어오자마자 친구 책상으로 가서 말을 걸기 시작하니 내 인사를 받아줄 틈이 없다.

어느 날은 1교시 수업을 시작하려는데 동준이가 자기 책상 옆에 책가방이 없어졌다고 당황하며 이리저리 찾고 있었다.

"책가방 메고 온 건 맞지?"

"네, 선생님. 분명히 메고 왔어요. 가방이 어디 갔지?"

나도 봤다. 분명히 아침에 등교하면서 가방을 메고 왔었다. 그런데 어찌된 영문인지 가방이 감쪽같이 사라졌다.

"애들아, 우리 모두 동준이 가방을 찾아보자."

"동준이 가방 어딨지?"

반 아이들도 동준이 가방을 찾으러 나섰다. 다행히 동준이 가방은 바로 나타났다. 아침에 교실에 오자마자 다른 아이 책상에서 수다를 떨면서 그 아이 책상에 자기 가방을 걸어 놓은 것이었다.

"어이쿠, 동준아! 학교 오자마자 친구 자리에 가서 수다를 떠느라 그랬구나!"

반 아이들 모두가 한바탕 크게 웃었다.

"내일부터는 꼭 가방 걸어 놓고 친구 자리에 가서 얘기해야 해!"

나는 동준이에게 단단히 일렀다. 하지만 동준이가 그럴 수 있을까? 아이는 자신 없는 표정으로 나를 보고 방긋 웃었다. 고치기 어려운가 보다.

'그래, 내가 포기할게!'

마지막으로 소개하고 싶은 아이들 본능이 있다. 질주 본능, 수다 본능에 결코 뒤지지 않는 장난 본능이다. 물론 어른들도 장난을 좋아할 수 있지만, 개구쟁이라는 말은 아이들에게 훨씬 어울린다. 아이들은 장난을 정말 좋아한다. 그리고 다양하다.

서로 '메롱' 하며 놀리고 잡기 놀이하는 고전적인 장난부터 친구 몸을 서로 부둥켜안고 레슬링 하기, 요즘 유행하는 말 흉내 내기, 동물 흉내 내기, 걸어가다 갑자기 친구를 보고 막춤 추기, 수업 시간에 앞에 앉은 아이 등을 손가락으로 쿡쿡 찌르고 안 그런 척 시치미 떼기, 지우개나 연필을 몰래 숨기기 등 아이들의 장난은 끝없이 이어진다.

아이들 장난은 대부분 놀이로 이어진다. 반대로, 놀다 보면 장난을 친다. 노는 걸 싫어할 아이가 없듯이 장난도 마음이 즐거워야 나온다. 장난치는 아이들은 웃음이 가득하다. 얼굴을 보고 눈을 깜빡거리는 것만으로도 장난이 될 수 있기에 아이들은 매 순간 장난 본능이 작동 모드에 있다. 물론 장난이 심한 폭력으로 이어지는 경우가 있기는 하지만, 1학년 아이들에게 그런 일은 아주 드물다.

아이들이 아플 땐 이 세 가지 본능이 싹 사라진다. 몸이 아프거나 마음이 아픈 아이들은 말수가 적고 무기력하다. 반대로, 아주 산만하게 움직이거나 의미 없는 말을 거칠게 내뱉기도 한다. 그러니 아이들이 수업 시간에 뒤에 앉은 친구와 끊임없이 말하고 장난치며 웃는 모습을 나무랄 수가 없다. 운동장에서도 내가 뭐라 하든지 말든지 이리저리 신나게 달리는 모습을 보고 화를 낼 수가 없다. 뛰는 것도, 말을 많이 하는 것도, 장난을 친다는 것도 모두 아이들 몸과 마음이 밝고 건강하다는 긍정적 신호이기 때문이다. 장난 본능은 아이들의 건강 정도를 알려주는 바로미터 (barometer)라 할 수 있다.

〈막〉

커다란 운동장을 보면
막 달리고 싶다.
어제도 무릎이 까이고 피가 났지만
오늘 또
막 뛰고만 싶다.

우리 반 친구들을 보면
막 장난치고 싶다.
어제 수업 시간에 떠들어서 혼났어도
오늘 또
막 장난치며 놀고 싶다.

급식만 먹을 때면
막 말하고 싶다.
어제 옆 친구랑 말하느라 많이 못 먹어 배고팠어도
오늘 또

막 얘기하고 싶다.

왜 자꾸 그럴까?

이리저리 생각해도 모르겠다.

내 마음을 어쩔 수 없다.

막 그런 마음이

그냥 막 생긴다.

잘 노는 아이, 건강한 아이

초등학교 1학년 아이들은 깨끗하고 더러운 정도를 쉽게 판단하지 못한다. 그래서 교실이나 운동장 바닥에서도 털썩 주저앉아 잘 논다. 아이들은 교실 바닥에 뒹굴뒹굴 굴러다니거나 몸을 쭉 뻗고 드러눕기도 잘한다. 그래서 운동장 수업을 하고 들어오면 비누로 깨끗이 손을 씻으라는 당부를 꼭 해야 한다. 그렇지 않으면 그냥 급식을 먹으러 가는 경우가 생기기 때문이다.

우리 집 아이들도 어릴 적엔 똑같았다. 아침에 깨끗하게 입혀 보낸 바지를 다음날 도저히 입힐 수가 없을 정도로 흙먼지와 아이스크림 자국, 급식실에서 묻은 국물 자국이 심하게 묻어 있었다. 어떤 아침에는 그 전날에 입었던 먼지 묻은 바지를 또 입겠다고 우기기도 했다. 아이는 전혀 지저분하지 않다고 하고, 나는 지저분하다고 입씨름을 해야 했다. 아이들이 좋아하는 바지나 활동하기 편한 바지는 특히 자주 입으려고 해서 이런 일은 자주 있었다.

우리 반 학부모님들도 이와 비슷한 얘기를 많이 하셨다. 분명 아침에는 말끔한 옷차림에 머리도 예쁘게 빗겨서 보냈는데, 집에 돌아올 때 아이의 모습은 며칠은 집에 안 들어온 것처럼 지저분하게 변해 있다고 한다.

아이의 옷에는 하루 동안 머물렀던 장소가 다 드러나 있고, 뭘 했는지 뭘 먹었는지가 명확하게 찍혀 있다. 김치국물 자국이 있는 걸 보니 김치를 먹어보려고 했다는 걸 알아차릴 수 있고, 고운 흙이 묻어 있는 걸 보면 개미를 잡겠다고 화단에 들어갔다는 걸 알 수 있다. 끈적이는 아이스크림 자국을 보면 학교 끝나고 집에 오는 길에 아이스크림을 하나 사 먹고 왔다는 걸 짐작할 수 있다. 소매 끝에 색연필 크레파스 자국이 잔뜩 묻어 있는 걸 보면 그날 아이가 수업 시간에 얼마나 열심히 색칠했는지 잘 알 수 있다. 이렇게 아이들의 옷은 참 솔직하다.

부모님은 아이에게 옷이 지저분하다고, 왜 더러운 곳에 그렇게 아무렇지도 않게 앉아서 노느냐고 야단칠 일이 아니다. 항상 아이가 어디에서 뭘 하는지 궁금하고 걱정이 되는 부모님들에게 아이들의 옷은 아이의 일과를 보여주는 일과표가 되어주기 때문이다.

반대로 생각해서 아이들이 손이나 옷이 더러워질까 봐 운동장에 나가서 돌이나 나뭇가지도 만지지 않고, 돌계단이나 콘크리트 스탠드에 앉아 있지도 못한다고 생각하면 어떤가? 오히려 부모님은 아이가 답답하고 융통성이 없다고 불평하지 않을까?

개인위생 관리를 철저히 하는 것은 아주 중요한 습관이다. 그러나 너무 강조하다 보면 아이들의 활동은 위축될 수 있다. 활발하게 움직이고 놀고 싶어도 집에 가서 혼날까 봐 주춤하고 피하다가 결국엔 다른 아이들과 잘 어울리지 못할 수도 있다.

어른들이 '조금은 옷이 더러워질 수도 있어! 괜찮아!' 하는 여유로운 마음을 가져주면 좋겠다. 아이들에게 깨끗해야 한다는 엄격함보다 조금 더러워져도 좋으니 재미있게 노는 게 중요하다는 생각을 부모님들이 보여주면 좋겠다. 아침에 아이가 학교에 갈 때 "조금은 더러워져도 괜찮으니까 실컷 잘 놀고 와!" 하고 말해주고, 아이가 손에 흙을 잔뜩 묻히고 들어올 때는 "신나게 놀았구나! 손에 흙이 묻으면 깨끗하게 씻으면 돼!"라고 해주는 어른다운 넉넉함 말이다.

아이들은 어른이 정한 규칙, 특히나 부모님이 정해준 규칙에 잘 따르려고 한다. 부모님이 조금은 규칙에 대해 여유로운 태도를 지닐 때 아이들은 더욱 넓은 영역을 아우르며 마음과 생각이 쑥쑥 자랄 것이다.

우리 반 아이들은 운동장에서 모래와 흙을 만지며 재미있게 논다. 그러다가 친구 손을 잡고 교실로 들어간다. 신나게 콧노래 부르며 즐겁게!

"애들아, 잘 놀았으니 손도 잘 씻자!"

아이들이 수돗가로, 화장실로 몰려간다. 깔깔깔 웃으며 신나게 손을 씻는다.

⟨내 옷이 어때서⟩

경찰과 도둑 할까?

도둑 잡아라! 경찰이다, 도망가자!

도망가다 신발이 벗겨져도 맨발로 후다닥!

얼음 땡 할까?

두다다다다다 얼음 땡!

신나게 달리다 운동장에 철퍽!

땅따먹기 할까?

하나, 둘, 셋, 이 땅 내 땅!

흙모래 위에서 손가락 팅팅팅!

비석 치기는 어때?

살금살금 조심조심 툭! 탁!
어깨 위에 흙덩이도 어느새 툭!

실컷 놀고 집에 가는 길
친구가 나더러 옷이 더러워졌대
내 옷이 어때서?
원래 놀면 다 그렇대
재밌게 놀고 깨끗하게 씻으면 된대
맞지, 엄마?
그렇지, 아빠?

좋아하는 것, 잘하는 것

1학년 아이들에게 방학은 어떤 의미일까? 초등학생이 되어 처음 맞는 방학이라면 더욱 기다려질까? 솔직히 반반이다. 방학을 손꼽아 기다리는 아이들도 있지만, 이전에 긴 방학을 경험한 적이 없는 아이들은 별다른 마음이 없기도 하다.

방학을 얼마 앞둔 시기였다. 아이들이 안전하고 보람 있는 방학을 보낼 수 있도록 하기 위해 학교에서는 방학 사전 교육을 한다. 그러면 나는 1학년 아이들에게 방학이 뭔지, 어떤 의미가 있는지부터 먼저 알려준다.

"선생님, 방학에는 학교 안 온다는 게 진짜예요?"

코로나19 팬데믹으로 유치원을 다니지 않았던 수찬이는 방학에 대한 개념이 없었다.

"그럼! 방학은 공부를 쉬는 휴가 기간 같은 거야. 그렇다고 놀기만 하는 건 아니고. 학교에 나오지 않고 부모님과 함께 체험학습을 가기도 하고, 집에서 쉬면서 책도 보고 하는 거야."

"우리 누나는 방학에도 학교에 가던데요?"

"물론 방과후학교를 하는 친구들이나 돌봄교실 다니는 친구들은 학교에 나올 수도 있지."

"아, 방학이 진짜 좋은 거네요! 선생님, 난 방과후학교도 안 하거든요!"

수찬이처럼 몇몇 아이들은 학교에 안 온다는 사실에 벌써부터 들떠 있었다.

"선생님은 너희들을 못 봐서 방학이 싫은데."

"그럼, 선생님이 우리 집에 놀러 오세요."

아이들다운 대답이다. 친구를 집으로 오라고 하듯이 나에게도 놀러 오라는 아이. 행복하고 감사한 일이다. 아이들의 말은 항상 나를 웃음 짓게 만든다.

방학을 생각하면 방학 숙제를 떠올리게 된다. 옛날 내가 초등학생 시절엔 만들기, 그리기, 채집하기, 일기 쓰기 등 숙제가 정말 많았다. 나는 누구보다 매일 놀았던 아이였다. 그래서 아직도 방학 내내 놀다가 개학을 며칠 앞두고 숙제를 몰아서 했던 기억이 난다.

아이들 방학은 이제 그런 방학이 아니면 좋겠다. 방학 내내 잘 놀고 잘 쉬기를 바란다. 그런 마음으로 나는 방학 숙제를 조금만 낸다. 그림일기 5편 쓰기, 책을 읽고 두세 줄 정도 자기 생각을 쓰는 독서기록표 10개 하기, 운동 1가지를 정해서 매일 10분 운동하기. 이렇게 3가지 정도로 정한다.

나는 방학 숙제를 알려주면서 숙제를 안 했다고 벌칙을 받는 것은 아니라고 꼭 말해준다. 그림일기나 독서기록표 같은 숙제는 아직 한글이 서툰 아이들이 스스로 잘 해내기 힘들기 때문이다. 글을 써야 하는 숙제는 부모님의 도움을 받거나 힘들 땐 그림으로 대신해도 된다고도 일러둔다. 대신 건강하게, 안전하게 지내다 올 것을 약속받는다. 느슨한 방학 숙제다. 숙제 때문에 방학을 방학답게 놀지 못하는 일이 생겨서는 안 된다는 것이 내 교육철학이다.

내가 이런 철학을 갖게 된 이유는 예전에 내가 만났던 한 아이 때문이다. 그 아이는 우리 반에서 가장 키가 작고 왜소한 아이였다. 친구들과 사이좋게 어울리며 노는 것은 아무 문제가 없이 잘 했지만, 아직은 한글 읽기가 완벽하지 않았다. 그래서 국어 시간에 소리 내어 글을 읽을 때마다 아이는 문장을 차근차근 읽지 못하고 한 음절씩 띄어 읽었다. 나는 아이가 글을 읽을 때마다 아이 근처에 가서 아이가 책을 읽는 소리를 주의 깊게 들었다.

"판… 죽… 을…"

"태호야, 팥죽을…"

"아, 팥죽을… 먹게 되었습니다."

"우와! 잘 읽었어!"

"그래, 태호야, 잘했어!"

태호는 내 도움을 받아가며 소리 내어 읽기를 힘겹게 마쳤다. 그럴 때면 우리 반 아이들도 태호에게 칭찬과 응원을 아끼지 않았다.

내가 태호를 가르쳤던 그해에는 학교 시설 공사와 에어컨 고장 문제, 교실에 장마로 인한 누수 등으로 학교가 혼란스러웠다. 거기에 1학기 성적 처리와 여름 방학 준비까지 하느라 하루가 정신없이 지나갔다. 핑계 같지만, 그런 이유로 난 우리 반 아이들에게 방학 숙제를 잘 안내하지 못했다. 글쓰기가 힘든 아이에게 그림일기에 그림만 그려도 된다는 구체적인 안내를 못 했다.

방학이 시작되고 며칠이 지났을 때였다. 나는 급하게 처리할 일이 있어서 학교에 갔다. 학교에 들어서자 반가운 얼굴이 있었다.

"어, 태호야! 오랜만이야, 태호!"

태호는 내가 부르는 소리에 놀라서 눈이 황소처럼 커지더니 씩 웃으며 인사했다.

"안녕하세요, 선생님!"

"어, 그래, 잘 지내고 있었어? 방학 지루하진 않아?"

"네, 좀 심심해요."

"그래, 선생님도 사실 방학이 시작되고 며칠 지나면 다시 학교 가고 싶더라."

"저도 얼른 학교 가면 좋겠어요."

"하하하, 그런 마음이구나. 그런데 학교는 왜 왔어?"

"도서관에 가려고요."

"…도서관?"

놀라웠다. 띄엄띄엄 한 음절을 읽는 아이가 도서관에서 책을 본다고 하니 놀라지 않을 수 없었다. 순간 나는 '태호가 이제 글을 잘 읽을 수 있어?' 하고 질문을 하려다 말았다. 괜히 아이 자존심을 건드릴까 봐 멈췄다.

"도서관에서 책 보려고요. 책 보기 좋아해서요."

다시 한번 놀랐다. 평소 태호는 책 읽기를 잘하지 못 했는데, 도서관에서 책을 보려고 학교에 나온다니 기특하고 반가웠다.

"태호가 도서관에서 책 읽는 걸 좋아하는구나."

"네, 저는 책을 잘 읽어요."

아이의 대답에 또 한 번 놀랐다. 태호가 책을 잘 읽는다니! 아이에겐 미안한 일이지만 사실 믿기지 않았다.

"진짜? 태호가 책 읽기를 좋아하는지 선생님은 몰랐어. 미안한 마음이 드네."

"아, 글씨는 아직 못 읽지만, 그림을 봐요. 그것도 책 읽는 거잖아요."

'아, 그림!'

"그렇구나, 그림을 봐도 충분히 이해할 수 있지. 그럼, 그럼!"

태호의 답변에 나는 말문이 막혀 더 말을 잇지 못했다.

"선생님, 안녕히 가세요!"

태호는 조그만 에코백을 촐랑촐랑 흔들면서 달려갔다. 그리고는 도서관이 있는 건물 속으로 쏙 들어가 버렸다.

여러 가지 감정이 교차했다. 태호가 아직 글을 잘 읽지는 못한다는 사실에 실망한 건 아니었다. 반성과 수치심이었다. 책을 보는 것이 꼭 글을 읽을 줄 알아야 하는 건 아닌데, 왜 난 도서관에 간다는 태호가 글을 잘 읽을 수 있게 되었을지 모른다고 생각했을까? 왜 난 아이가 한글을 잘 읽지 못한다고 도서관에 가는 걸 이상하게 여겼을까? 글을 몰라도 도서관에 갈 수 있는데, 글을 모르니까 더욱 도서관에 가고 싶을 수도 있는데. 글을 잘 읽지 못해도 그림으로 책을 이해할 수 있는데 말이다. 부끄러움과 미안함에 얼굴이 벌겋게 달아올랐다. 태호와 거리가 더 멀어질수록 내 볼과 이마, 귀까지 더욱 화끈거렸다.

태호는 그때까지 한글을 능숙하게 읽어가지 못했다. 하지만 태호는 분명 책을 좋아한다는 걸 나는 느낄 수 있었다. 비록 글을 자연스럽게 읽어가지 못할지라도 태호는 재미있게 책을 보는 게 분명했다. 그림만으로도 충분히 책을 즐기고 있었다. 그러지 않고서는 그렇게 당당하고 자신 있게 도서관에 가는 자기 자신을 자랑할 수 없었을 테니까.

태호는 나에게 큰 깨달음을 줬다. 좋아하는 것은 그냥 하면 된다는 것을. 잘못해도 즐길 수 있다면 분명 그 사람은 위너(winner)라는 것을. 세상에 누가 못하는 것은 좋아하면 안 된다고 했던가? 뭘 꼭 잘해야만 하는 건 아니다. 우리 인생은 잘하는 게 있어야 행복한 건 아니다. 행복은 좋아하는 데서 온다. 우리가 무언가를 좋아하면 자주 하면 된다.

우리는 좋아하는 것을 할 때 행복하다고 느낀다. 그렇게 자주 하다 보면 우리는 그것에 익숙해져서 잘할 수 있다. 그러면 더욱 좋은 일이다. 왜 나는 못 하는 것은 피할 것이라는 어른들의 편견으로 아이들을 보고 있었는지 창피했다.

아이들은 학교에 자랑하러 오는 게 아니다. 배우러 온다. 학교에서 이것저것 배우다 보면 정말 좋아하는 것을 찾아 멋진 어른으로 성장할 수 있도록 그 기초를 다지는 게 바로 초등학교 1학년이다. 1학년 아이의 좋아하는 것에 대한 순수한 열정을 이 사회가 경쟁과 대결의 구도로 몰아서 아이들이 좋아하는 게 없도록 만든건 아닌지 반성해야 한다.

우리가 살면서 잘하는 것만 계속하면 잘하는 것을 더욱 잘하게는 할 수 있지만, 못하는 것은 끝내 못하게 돼버릴 수 있다. 우리 아이들은 좋아하는 일을 하며 살면 좋겠다. 좋아하는 것은 잘하는 게 아닐 수도 있다. 하지만 지금 못한다고 훗날에도 못 할 거라고 속단하면 안 된다.

우리 주변에는 그런 어른들이 많다. 꿈이 무엇이냐고, 너는 뭘 잘하느냐고, 그걸 찾아야 한다고 아이들을 다그친다. 그리고 좋아하는 것이 중요한 게 아니라 잘하는 것이 중요하다는 걸 은연중에 강요하고 아이들이 다른 것은 시도해보지도 못하게 차단해버린다. 이러한 어른들과 함께 자라는 아이들은 호기심도, 도전정신도 잃어버리기 쉽다. 결국엔 아무것도 하지 않으려고 하는 무기력한 아이들이 되어버릴 수 있다.

어른들은 아이들이 무엇을 좋아할 때 그 마음만을 순수하게 존중해줬으면 좋겠다. 나는 태호가 책 읽기를 좋아한다고 말했을 때, 그 마음을 그대로 존중하고 어떤 평가도 내리지 말았어야 했다. 내 편견으로 아이의 순수한 마음을 함부로 오염시켜서는 안 됐다.

어린 태호는 나에게 불순함을 버리고 좋아하는 것은 그냥 좋아해 보라는 진리를 가르쳐 주었다.

〈달리기 꼴찌〉

내가 좋아하는 건

달리기 시합

나는 달리기가 참 좋아요

"준비, 출발!"

갑자기 친구들이 우다다닥 놀란 비둘기처럼 뛰어가요

하하하하 재밌어요, 재밌어!

앞에 달려가는 친구 다리가 자동차 바퀴처럼 보여요

하하하하 재밌어요, 재밌어!

뒤에 달려오는 친구 얼굴이 원숭이처럼 빨개졌어요

하하하하 재밌어요, 재밌어!

옆에 달려나가는 친구는 토끼처럼 빨리 뛰어요

하하하하 재밌어요, 재밌어!

앞도 보고, 뒤도 보고, 옆도 보고 달리기 시합하면

하하하하 재밌어요, 재밌어!

누가 토끼가 되고, 누가 거북이가 될까 생각하면

하하하하 재밌어요, 재밌어!

한참 웃다 보니 내가 꼴찌

친구들은 토끼, 나는 거북이

그래도

하하하 재밌어요, 재밌어!

다음에는 거북이가 이길 수도 있잖아요

아이 마음이 보이는 교실 이야기

지은이 | 유민아
펴낸이 | 박영발
펴낸곳 | W미디어
등록 | 제2005-000030호
1쇄 발행 | 2023년 6월 20일
주소 | 서울 양천구 목동서로 77 현대월드타워 1905호
전화 | 02-6678-0708
E-mail | wmedia@naver.com

ISBN 979-11-89172-46-6 (03370)

값 14,800원